Collection
PROFIL LITTÉRATURE
dirigée par Georges Décote

Série
PROFIL D'UNE ŒUVRE

L'Illusion comique (1635-1636)

CORNEILLE

Résumé
Personnages
Thèmes

JEAN-BENOÎT HUTIER
agrégé de l'Université

HATIER

R E P È R E S

Dans la collection « Profil », titres à consulter dans le prolongement de cette étude sur *L'Illusion comique.*

• Sur Corneille et son œuvre

– *Le Cid* (« Profil d'une œuvre »,**133**).
– *Cinna* (« Profil d'une œuvre »,**138**).
– *Histoire de la littérature en France au XVIIe siècle* (« Histoire littéraire », **120**).
– *Mémento de littérature française* (« Histoire littéraire », **128-129**).

• Sur le baroque

– *Mémento de littérature française* (« Histoire littéraire », **128-129**) ; la poésie baroque, le roman baroque.
– *Histoire de la littérature en France au XVIe siècle* (« Histoire littéraire », **119**) ; la poésie baroque.
– *Histoire de la littérature en France au XVIIe siècle* (« Histoire littéraire », **120**) ; les caractéristiques du baroque, le roman baroque p. 27-29 et p. 44-46 ; la poésie baroque p. 25-26 et p. 40-43.
– BEAUMARCHAIS, *Le Barbier de Séville* (« Profil d'une œuvre », **72**) ; chap. 6 : faux semblants et trompe-l'œil.
– MOLIÈRE, *Dom Juan* (« Profil d'une œuvre », **49**) ; chap. 8 : les éléments baroques.

• Sur le théâtre, la comédie et les comédiens

– *Le théâtre, problématiques essentielles* (« Histoire littéraire », **151-152**).

• Profil 1000, « guide des Profils »

Guide pour la recherche des idées, des thèmes, des références à partir de la collection « Profil ».

 ISSN 0750-2516 ISBN 2-218-04201-0

SOMMAIRE

Fiche Profil

L'Illusion comique (1635-1636)

CORNEILLE
(1606-1684)

THÉÂTRE DU XVIIe
COMÉDIE BAROQUE

1. RÉSUMÉ

– **Acte I :** Primadant est depuis dix ans sans nouvelles de son fils Clindor qui s'est enfui de la maison paternelle. Après de longues et vaines recherches, il rend visite, sur les conseils d'un ami, au vieux magicien Alcandre. Celui-ci lui révèle que Clindor est rentré au service de Matamore, un soldat fanfaron, et qu'il est tombé amoureux d'Isabelle.
– **Acte II :** Grâce à ses pouvoirs magiques, Alcandre reconstitue sous les yeux de Primadant le passé de Clindor dont il fait apparaître l'image. Matamore vante ses prétendus exploits, courtise Isabelle qui se moque de lui. Mais Lyse, la suivante de la jeune fille, qui aime en vain Clindor, et Adraste, dont Isabelle repousse les avances, décident de se venger et d'unir leurs efforts pour se débarrasser de Clindor.
– **Acte III :** Adraste tend un guet-apens à Clindor. Dans l'échauffourée, il est mortellement blessé. Clindor est arrêté et condamné à mort pour le meurtre d'Adraste.
– **Acte IV :** Cependant qu'Isabelle se désespère, Lyse, rongée de remords, séduit le geôlier de la prison et organise l'évasion de Clindor.
– **Acte V :** Changement de décor. Isabelle, habillée comme une princesse, se plaint de Clindor, devenu son mari. Celui-ci s'apprête à la trahir avec la princesse Rosine, épouse du prince Florilame. Touché par le désespoir de sa femme, Clindor se ressaisit toutefois. Trop tard. Un officier de Florilame tue Clindor. Lamentations de Primadant. Alcandre lui montre alors Clindor et Isabelle en train de se partager la recette du spectacle. Ce n'était en effet que le dernier acte d'une tragédie que, devenus acteurs, ils interprétaient.

2. PERSONNAGES PRINCIPAUX

– **Clindor**, âgé de 18 ans environ, fils de Primadant et amoureux d'Isabelle.
– **Isabelle**, âgée de 17 ans environ, fille de Géronte et amoureuse de Clindor.

– **Matamore**, soldat fanfaron et amoureux ridicule d'Isabelle.
– **Primadant**, père de Clindor.
– **Alcandre**, vieux magicien.

3. THÈMES

1. Les trois formes de l'illusion : le masque du mensonge ; l'abolition du temps et de l'espace ; qui est qui ?
2. Le théâtre dans le théâtre.
3. L'éloge du théâtre.

4. TROIS AXES DE LECTURE

1. Une comédie sur le théâtre

Le sujet de la pièce est le théâtre lui-même, qui est évoqué de manière tantôt symbolique tantôt réelle.

2. Une comédie sur l'illusion

Le propre.de l'illusion est de croire réel ce qui est imaginaire. Que signifient dès lors le vrai et le faux ? Corneille déconcerte volontairement le spectateur pour l'amener à son tour à s'interroger sur le réel.

3. Une comédie baroque

L'Illusion comique est la.pièce la plus représentative du courant baroque, qui privilégie le changement, les apparences et le mélange des tons.

1 L'Illusion comique dans la carrière de Corneille

L'Illusion comique est créée durant la saison théâtrale 1635-1636[1]. Corneille, né le 6 juin 1606 à Rouen, entre alors dans sa trentième année. C'est déjà un dramaturge[2] expérimenté, maître de son art et de sa technique : sa première pièce remonte à l'hiver 1629 et six autres ont suivi au rythme d'une par an. Corneille n'est pourtant qu'au début de sa longue carrière. Après *L'Illusion comique*, il écrira encore vingt-trois pièces. La dernière, *Suréna*, sera jouée en 1674, dix ans avant sa mort, le 1er octobre 1684.

Dans cet ensemble, *L'Illusion comique* occupe une place singulière qui lui confère tout son intérêt. Elle révèle d'abord un aspect ordinairement négligé de l'œuvre de Corneille. Elle concourt ensuite au renouveau de la comédie au XVIIe siècle. Elle représente enfin, dans la vie du dramaturge et dans l'histoire du théâtre, une pièce à part.

À LA DÉCOUVERTE D'UN CORNEILLE MÉCONNU

L'Illusion comique appartient à la partie longtemps la plus méconnue du théâtre de Corneille : celle de ses comédies. Depuis le milieu du XVIIe siècle, Corneille est en effet consi-

---

1. Au XVIIe siècle, la saison théâtrale commençait avec l'automne pour s'achever au printemps de l'année suivante. Il est parfois impossible de dater plus précisément la création des pièces de Corneille.
2. Un dramaturge est un auteur de pièces de théâtre, qu'il s'agisse de comédies ou de tragédies.

déré comme un auteur de tragédies. Cette réputation se comprend. C'est avec ses tragédies qu'il connut ses plus grands succès ; et ce sont elles qui, aujourd'hui encore, figurent parmi ses pièces les plus jouées : *Le Cid* (1637), *Horace* (1640), *Cinna* (1642), *Polyeucte* (1642-1643). Ces tragédies traitent de questions aussi graves que la paix ou la guerre, la naissance et la mort des États, les rapports de l'individu et du pouvoir politique.

Mais, si légitime soit-elle, une telle réputation rend mal compte de l'intégralité de l'œuvre de Corneille. En 1635-1636, à l'exception de *Médée* (1634-1635), sa première tragédie, d'ailleurs vite tombée dans l'oubli, celui-ci n'a écrit que des comédies. Ce sont *Mélite* (1629-1630), *Clitandre*[1], *La Veuve* (1631), *La Galerie du palais* (1632), *La Suivante* (1633) et *La Place royale* (1634). *L'Illusion comique* s'inscrit dans cette continuité, qui fait de Corneille le prédécesseur et le précurseur de Molière.

CORNEILLE ET LE RENOUVEAU DE LA COMÉDIE

Jusqu'en 1630, le genre littéraire de la comédie est moribond. On ne joue pratiquement que des farces, qui se fondent pour l'essentiel sur des échanges de coups et des jeux de mots grossiers. La comédie en vers et en cinq actes, qui privilégie l'étude des caractères et des conditions sociales, n'existe pas encore. Avec d'autres dramaturges, Corneille lance le genre. Nouvelles pour l'époque, ses comédies relatent les aventures sentimentales de jeunes gens suffisamment riches pour ne se préoccuper que des élans de leur cœur. La volonté de leurs parents de les marier contre leur gré, la découverte de l'amour qui les émerveille et qui les trouble, la présence de rivaux assurent les rebondissements de l'action.

---

1. *Clitandre* est une comédie un peu particulière. Elle se termine bien comme une comédie. Mais à l'inverse de la comédie, elle met en scène des personnages de rang princier, habituellement présents dans la tragédie. C'est pourquoi on l'appelle du terme spécial de tragi-comédie.

« L'ILLUSION COMIQUE » : UNE COMÉDIE À PART

La pièce possède une triple originalité : sur les plans chronologique, technique et moral.

Chronologiquement, elle marque un tournant dans la production de Corneille. Avec elle s'achève la série ininterrompue de ses comédies. La saison théâtrale suivante (1636-1637) verra l'immense triomphe du *Cid*[1]. Corneille y abordera le monde de la tragédie qu'il ne quittera plus. Avec *L'Illusion comique* disparaît donc un certain Corneille : celui qui fait rire et sourire en décrivant le comportement de ses contemporains.

Techniquement, elle est d'une complexité extrême, jusqu'alors inégalée (voir p. 20), *L'Illusion comique* est une pièce de théâtre qui prend le théâtre pour sujet. Elle met ainsi en œuvre tous les procédés dont un dramaturge peut se servir. Elle est une réflexion sur les possibilités du théâtre, en même temps qu'elle en présente une application concrète.

Moralement, enfin, elle constitue une défense et illustration du métier de dramaturge et un éloge des bienfaits que procure le théâtre (voir p. 50).

Ces caractéristiques font de *L'Illusion comique* une pièce particulière et même unique tant dans l'œuvre complète de Corneille que dans l'histoire du théâtre du XVIIe siècle.

---

1. Sur *Le Cid*, voir le « Profil » n° 133.

2 Résumé

L'action de la pièce se déroule en France, dans la région de Tours (actuel département de l'Indre-et-Loire), à la « campagne », dans la « grotte » d'un magicien. L'époque est indéterminée, mais elle est vraisemblablement contemporaine de la création de la pièce, c'est-à-dire des années 1635-1636.

ACTE I

Scène 1 : Depuis « dix ans » (v. 23), Pridamant n'a aucune nouvelle de son fils Clindor. Celui-ci a fui la maison paternelle parce qu'il ne pouvait plus supporter la rude autorité de son père. Regrettant sa sévérité, Pridamant a tout entrepris pour le retrouver : il a sillonné en vain la France, l'Espagne et l'Italie, consultant sans succès sorciers et devins. En désespoir de cause, le malheureux père a suivi jusqu'en Touraine son ami Dorante, qui lui a vanté les dons extraordinaires du « magicien » Alcandre. Les voici tous deux devant la grotte où est retiré le vieux « magicien ».

Scène 2 : Avant même que Pridamant lui ait expliqué l'objet de sa visite, Alcandre lui dit ne rien ignorer de son malheur. Il le rassure sur le sort de Clindor, désormais « plein de vie et d'honneur » (v. 123). D'un coup de baguette magique, il fait aussitôt apparaître une magnifique garde-robe. Pridamant reste incrédule : ces vêtements, dignes d'un prince, sont trop luxueux pour être ceux de son fils. Comme il aperçoit parmi eux des habits de femme, il demande si son fils est marié. Le « magicien » Alcandre accepte alors de lui révéler l'histoire de Clindor et de ses amours. Mais, si Pridamant en est d'accord, plutôt que de la lui raconter, il préfère la lui montrer grâce à « des spectres pareils à des corps animés » (v. 152). Pridamant y consent volontiers. Dorante, sur la suggestion d'Alcandre, laisse son ami seul avec le magicien.

Scène 3 : Alcandre rappelle brièvement les premières aventures de Clindor. Après avoir vite dilapidé l'argent qu'il avait en partant volé à son père, Clindor a dû, pour vivre, se livrer à toutes sortes d'expédients, plus ou moins recommandables. Tour à tour charlatan, faiseur d'horoscopes, écrivain public, clerc de notaire[1], chanteur de rue, faux pharmacien, il se fit aussi avocat à Paris. Pridamant se félicite qu'Alcandre ait éloigné Dorante, que ce rappel du passé de Clindor n'aurait sans doute pas édifié. Enfin, poursuit Alcandre, Clindor, fatigué de la capitale, s'est installé à Bordeaux, où il est entré au service de Matamore, un capitaine gascon, et il s'est secrètement épris d'une jeune fille de bonne famille, Isabelle.

Alcandre s'interrompt alors pour convier Pridamant à pénétrer dans la grotte. Il doit y préparer les opérations magiques indispensables pour faire apparaître, comme promis, la suite des aventures de Clindor, sous les yeux mêmes de Pridamant.

ACTE II

Scène 1 : Les deux hommes se mettent sur l'un des côtés de la grotte pour assister à la représentation de la vie de Clindor.

Scène 2 : Sur une place publique conversent Matamore et Clindor. Celui-ci encourage complaisamment son maître à vanter haut et fort ses prétendus exploits guerriers et ses supposées conquêtes amoureuses. Dans un vertigineux tourbillon de paroles, Matamore énumère les victoires qu'il a remportées en Perse, en Chine, en Éthiopie, au Japon. À l'égal de Mars, dieu (latin) de la Guerre, il prétend avoir triomphé sur tous les champs de bataille du monde — armé de son seul bras et de son « effroyable mine / Qui massacre, détruit, brise, brûle, extermine » (v. 249-250). Aucune reine n'a pu lui refuser ses faveurs ; les déesses elles-mêmes sont tombées sous son charme invincible, jusqu'à ce qu'il devienne amoureux de la jeune Isabelle (dont il ignore qu'elle est aimée de Clindor).

1. Un clerc de notaire est un juriste employé par un notaire dans son étude.

Voici justement Isabelle, importunément suivie du riche Adraste, son gentilhomme soupirant. Au bruit de leur arrivée, Matamore se radoucit, court se cacher dans « un coin ». S'il attaquait Adraste, son rival, explique-t-il à Clindor, il risquerait de tuer Isabelle. Aussi courageux en paroles qu'il est poltron en actes, Matamore va en réalité cacher sa lâcheté.

Scène 3 : Adraste fait en vain sa cour à Isabelle. Plus il multiplie les galanteries et les aveux d'amour, plus elle le rudoie, nommant « supplice et persécution » (v. 368) ce qu'il appelle « affection ». Dépité et rageur, Adraste n'en annonce pas moins à Isabelle qu'il va demander sa main à Géronte, père de la jeune fille. Isabelle s'en moque : même si son père le lui ordonne, elle n'épousera jamais Adraste.

Scène 4 : À peine Adraste a-t-il disparu qu'apparaît Matamore, qui cherche à faire croire à Isabelle que c'est son arrivée qui a mis en fuite son fâcheux rival. Comme Clindor, Isabelle entretient Matamore dans ses rêves héroïques et ses fictives prouesses galantes. Aussi répond-elle à ses déclarations enflammées avec un humour qu'il ne perçoit pas. La venue de Clindor relance le discours guerrier de Matamore. Celui-ci se souvient des « quinze châteaux » qu'il a naguère rasés en Égypte et des « cent mille combattants » qu'il a vaincus devant Damas (v. 453-455)...

Scène 5 : Un page survient opportunément pour abréger cette liste d'exploits. Il annonce à Matamore qu'un envoyé de la reine d'Islande le demande. Bien qu'il soit las des perpétuelles (et imaginaires) avances de cette souveraine, Matamore n'en accepte pas moins de recevoir cet envoyé pour lui dire que la reine perd son temps auprès de lui. Il confie, dans l'attente de son prochain retour, Isabelle à Clindor qu'il charge de lui raconter l'extraordinaire histoire de sa vie.

Scène 6 : Clindor se garde bien de la raconter à Isabelle. Il sait depuis longtemps que Matamore se fait « d'heure en heure » (v. 479) avertir par un page de la venue d'un ambassadeur ou d'un courrier spécial pour se donner l'illusion de son importance.

Clindor, enfin seul avec Isabelle, déclare sa flamme à la jeune fille, à qui il prodigue force compliments. Celle-ci l'arrête tout net : elle n'a pas besoin de compliments. Elle l'aime, elle se sait aimée de lui, et cette certitude lui suffit. Clindor laisse éclater sa joie. Mais sa pauvreté, interroge-t-il, ne la rebute-t-elle pas ? Parviendra-t-elle à surmonter l'hostilité de Géronte, son père, qui préférerait la voir mariée au noble et fortuné Adraste ? Isabelle lui explique que l'amour véritable se soucie peu de la richesse et des obstacles. Le retour d'Adraste interrompt l'entretien des deux « amants »[1]. Isabelle, qui ne veut pas rencontrer l'importun, disparaît.

Scène 7 : Adraste, qui a compris que Clindor est un rival infiniment plus dangereux que Matamore, menace Clindor. Celui-ci répond fièrement sur le même ton et tourne les talons.

Scène 8 : Adraste reste seul avec Lyse, la suivante d'Isabelle, qui, de son côté, aime en secret Clindor. Lyse apprend à Adraste qu'Isabelle aime passionnément Clindor. Les deux amoureux déçus unissent leur dépit. Lyse promet à Adraste d'attirer Clindor dans un guet-apens où il pourra le rosser « d'importance » (v. 606). Adraste remercie Lyse par un diamant.

Scène 9 : Dans un monologue, Lyse exhale sa colère contre Clindor qui lui préfère Isabelle.

Scène 10 : Pridamant manifeste son inquiétude pour son fils. Le « magicien » Alcandre le rassure.

ACTE III

Scène 1 : Géronte somme sa fille d'accepter Adraste pour époux. Isabelle se rebelle et refuse. Géronte s'emporte, ordonne, exige. Isabelle résiste toujours ; et, de guerre lasse, son père la prie de se retirer.

Scène 2 : Géronte, dans un court monologue, se plaint de la désobéissance de sa fille. Il se montre d'autant plus résolu à la faire céder.

1. Dans le vocabulaire du XVIIe siècle, un « amant » est celui qui aime et qui est aimé, sans idée obligée de possession physique : c'est le cas de Clindor. Celui qui aime sans être payé de retour est un « amoureux » : c'est le cas de Matamore et d'Adraste.

Scène 3 : Il est interrompu par l'arrivée de Matamore et de Clindor. Géronte, que les vantardises de Matamore exaspèrent, menace de le faire bastonner ; il lui déclare qu'Isabelle ne sera jamais sa femme et qu'il ne lui reste plus en conséquence qu'à quitter Bordeaux. Matamore le prend de haut, prétend faire d'Isabelle une reine. Géronte réitère ses menaces, et Matamore s'éclipse, suivi de Clindor.

Scène 4 : Matamore justifie sa dérobade par l'impossibilité d'offenser et de battre le père d'Isabelle, de sa « maîtresse » qu'il aime trop pour imaginer la peiner. Clindor l'encourage toutefois à se venger. Matamore s'y refuse. Il sort si vite son épée de son fourreau que le fer projette des flammes capables d'embraser la maison ! Aussi préfère-t-il s'en tenir là et partir.

Scène 5 : Lyse reproche à Clindor de lui préférer Isabelle. Avec un parfait cynisme[1], Clindor lui explique qu'il les aime autant toutes les deux. Mais comment lui qui est « dans la misère » (v. 791), épouserait-il Lyse qui n'a pas de « bien » ? « Deux malheureux ensemble ont toujours courte joie » (v. 794). C'est pourquoi il courtise Isabelle qui a l'avantage sur Lyse du rang social et de la fortune. Lyse dissimule sa peine sous des railleries. De peur, dit-elle, d'ajouter sa misère à celle de Clindor, elle le renvoie vers Isabelle.

Scène 6 : Demeurée seule, Lyse donne libre cours à son ressentiment. Son amour pour Clindor la fait toutefois un instant hésiter. Comment se venger de l'homme qu'on aime ? Mais Clindor ne la méprise-t-il pas ? La déception et la colère finissent par l'emporter. Lyse se décide à livrer Clindor à Adraste pour qu'il punisse l'ingrat.

Scène 7 : Matamore survient, en proie à la terreur de rencontrer les valets de Géronte qui pourraient le bastonner. Un bruit. Les voici, croit-il. Son corps se glace. Ce ne sont que Clindor et Isabelle. Matamore se ressaisit. Curieux d'entendre comment les deux jeunes gens parlent de lui, il se cache pour écouter leur conversation.

---

1. Le cynisme est un mépris affiché des convenances et de la morale.

Scène 8 : Isabelle informe Clindor des réactions violentes de son père, Géronte, bien résolu à la marier à Adraste et à empêcher par la force tout autre soupirant de s'approcher de sa fille. Clindor s'inquiète. Isabelle le rassure : l'opposition et les menaces de son père ne diminuent pas l'amour qu'elle lui porte.

Scène 9 : Matamore, furieux de découvrir que Clindor, son valet, ose aimer Isabelle, sort de sa cachette, crie qu'il va le tuer. Clindor, que la menace de son maître n'effraie pas, menace à son tour. Terrorisé, Matamore se radoucit et déguise sa lâcheté sous une apparence de générosité. Pour récompenser Clindor de ses bons et loyaux services, il lui cède de bon cœur Isabelle. Clindor le remercie ironiquement de sa bienveillance.

Scène 10 : Isabelle se réjouit de cette brusque réconciliation des deux hommes. Jouant au grand seigneur, Matamore lui « donne » Clindor. Isabelle feint d'obéir et, pour « plaire » à Matamore, elle accepte d'aimer Clindor. Matamore, à qui la complaisance des deux jeunes gens sauve la face, leur ordonne d'être heureux.

Scène 11 : L'arrivée d'Adraste et de Géronte, accompagnés d'une « troupe » de valets armés, les interrompt. Un combat s'engage. Matamore s'enfuit au plus vite. Clindor, dans l'échauffourée qui s'ensuit, blesse Adraste avant d'être fait prisonnier.

Scène 12 : Pridamant croit son fils mort. Pour toute réponse, le magicien Alcandre lui demande un peu de patience.

ACTE IV

Scène 1 : Dans un long et grave monologue, Isabelle se désespère. Adraste est mort de ses blessures. Clindor qui, lui, n'a été que légèrement atteint, a été jeté en prison et condamné à la peine capitale pour avoir tué Adraste. L'exécution est fixée au lendemain. Isabelle se jure de mourir aussitôt après son « amant »[1]. Puisse-t-elle par-delà la mort venir hanter et épouvanter les nuits de son père qu'elle rend responsable de son malheur !

Scène 2 : Lyse, sa suivante, se montre au contraire enjouée. Pleurer, dit-elle, ne sert jamais à rien. Isabelle s'indigne. Lyse lui apprend alors qu'elle a séduit le geôlier de la prison et que, grâce à lui, elle compte faire évader Clindor cette nuit même. Ils s'enfuiront ensemble tous les quatre. Isabelle reprend espoir.

Scène 3 : Restée seule, Lyse regrette d'avoir permis à Adraste d'attirer Clindor dans un guet-apens, dont elle n'avait pas prévu d'aussi graves conséquences. Elle se promet, pour réparer sa faute, de tout faire pour sauver Clindor et pour rendre Isabelle heureuse.

Scène 4 : Surviennent Isabelle, puis Matamore que la faim a fait sortir du grenier où il se cachait depuis quatre jours pour échapper aux valets de Géronte.

Scène 5 : Pendant que Matamore, voyant que la voie est libre, détale à toutes jambes, Lyse s'inquiète du retard pris dans les préparatifs de l'évasion de Clindor.

Scène 6 : Le geôlier rassure les deux jeunes filles. Tout a été prévu et tout est prêt, mais il demande en retour d'être aimé de Lyse et de pouvoir l'épouser. Lyse consent.

Scène 7 : Pendant ce temps, dans sa prison, Clindor se prépare à la mort. Au milieu des frayeurs qu'il éprouve à l'idée de sa prochaine exécution, le souvenir d'Isabelle le console. Il découvre qu'il n'a aimé et qu'il n'aimera jamais qu'elle. La porte de sa cellule s'ouvre.

Scène 8 : Le bourreau lui annonce que les juges lui ont fait la « grâce »... d'être exécuté de nuit, lui épargnant ainsi la honte d'un supplice public. Clindor se prépare courageusement.

Scène 9 : Il est vite détrompé. À peine est-il sorti de sa prison qu'il découvre Lyse et Isabelle qui l'attendent pour

1. Voir p. 13, note 1.

s'enfuir avec lui. Le bourreau n'était que le geôlier déguisé ! Vite ! Il n'y a plus désormais à perdre de temps.

Scène 10 : Pridamant respire. Mais Alcandre lui dit qu'il n'est pas au bout de ses peines et de ses étonnements.

ACTE V

Scène 1 : De fait, Pridamant, ébloui, admire le spectacle qui s'offre de nouveau à lui. « Qu'Isabelle est changée et qu'elle est éclatante » (v. 1333) ! Lyse, à ses côtés, prévient Alcandre, continue de lui servir de suivante. (Il s'agit, en fait, comme le spectateur s'en apercevra pas la suite, d'une pièce de théâtre que Lyse et Isabelle, devenues actrices, vont jouer.)

Scène 2 : Dans le jardin d'un palais, la nuit, Isabelle, transfigurée en princesse, se plaint amèrement de Clindor, devenu son mari. Infidèle, Clindor s'apprête à la trahir avec la princesse Rosine, épouse de son bienfaiteur, le prince Florilame. Isabelle s'emporte contre l'inconstance des hommes qui, dès qu'ils sont mariés, oublient tous leurs serments. Aussi souhaite-t-elle se venger. Lyse tente en vain de l'amadouer. L'époque n'est plus à la fidélité et « l'honneur d'un galant homme est d'avoir des maîtresses » (v. 1366).

X **Scène 3 :** Clindor apparaît, habillé en grand seigneur. Prenant dans l'obscurité Isabelle pour Rosine, il la presse de céder à son amour. L'occasion est propice : Florilame est absent ; et Isabelle est (croit-il) endormie. Isabelle lui fait aussitôt comprendre son erreur, et elle accable Clindor de reproches. Est-ce ainsi qu'il la remercie d'avoir tout quitté par amour pour lui ? de l'avoir aimé envers et contre tous ? de l'avoir préféré à la richesse et aux grandeurs ? Clindor lui réplique durement : en le suivant, Isabelle n'a fait que suivre ses propres désirs. Ne sait-elle pas que l'amour, comme toute chose, passe ?

Isabelle lui reproche alors de trahir son bienfaiteur. C'est au prince Florilame qu'il doit sa fortune et son grade de capitaine. Et, pour toute reconnaissance, il lui vole la princesse Rosine, sa femme ! Isabelle menace de se suicider. Touché par tant de sincérité et d'amour, Clindor la supplie de lui pardonner un instant d'égarement. Il sent revenir son amour pour elle et la supplie d'oublier sa folie passagère. « J'en ai déjà perdu le souvenir », lui répond-elle. Les deux époux se réconcilient.

Scène 4 : Mais le prince Florilame faisait surveiller Clindor par l'un de ses officiers, Éraste. Celui-ci surgit, frappe mortellement Clindor ; Isabelle s'évanouit. Lyse part chercher du secours.

(À ce moment, une « toile » (un rideau) se rabaisse, qui recouvre le jardin et les corps de Clindor et d'Isabelle.) Pridamant et le « magicien » Alcandre sortent de la grotte.

X **Scène 5 :** Alcandre constate que rien n'est stable dans ce monde : aux plus grandes joies succèdent les plus grands malheurs. Cette réflexion, digne d'un philosophe, ne console guère Pridamant, désespéré par la mort de son fils. Alcandre le comprend. Mais il conseille à Pridamant d'assister d'abord aux « funérailles » (v. 1610) de Clindor avant de songer à se tuer. Tous deux rentrent de nouveau dans la grotte.

(La « toile » se relève. Au lieu d'un enterrement, elle laisse apparaître des comédiens qui, comptant de l'argent sur une table, se partagent la recette de la représentation théâtrale.)

Pridamant s'étonne. Compte-t-on de l'argent chez les morts ? Et pourquoi Clindor, Isabelle et Lyse s'entendent-ils si bien avec l'assassin Éraste, avec Adraste et avec Géronte ?

Alcandre lui révèle alors toute la vérité. Tous sont des comédiens. Le désespoir d'Isabelle dans le jardin du palais, l'irruption d'Éraste, l'assassinat de Clindor (c'est-à-dire les quatre premières scènes de l'acte V) étaient le final d'une tragédie qu'ils interprétaient.

Rassuré, Pridamant ne s'en scandalise pas moins que son fils ait choisi le métier « infamant »[1] de comédien. Alcandre

---

1. Longtemps, le métier de comédien (comme celui de dramaturge) fut considéré comme socialement peu honorable. L'Église excommuniait les comédiens, c'est-à-dire qu'elle leur interdisait, tant qu'ils continuaient d'exercer leur métier, d'aller à la messe, de recevoir les sacrements et même d'être enterrés religieusement. À l'époque de *L'Illusion comique*, la position de l'Église devient (momentanément) moins rigide. Mais Pridamant, homme d'un certain âge, conserve encore les préjugés du passé.

entreprend alors un vif éloge du théâtre. Cet « art » est ajourd'hui devenu le divertissement préféré de Paris. Même le roi[1] l'apprécie, assure-t-il. Les esprits les plus sérieux et les plus profonds écrivent maintenant des pièces de théâtre.

Pridamant se laisse convaincre par Alcandre. Lui-même, prenant le faux pour le vrai, vient d'éprouver le pouvoir d' « illusion » du théâtre, et son utilité. Ce que lui a fait voir Alcandre (cette « représentation ») le délivre en effet de ses angoisses et de ses préjugés. Clindor a « bien fait » (v. 1679) de devenir acteur. Pridamant remercie chaleureusement le « magicien » Alcandre. Il ne lui reste plus qu'à se rendre à Paris pour retrouver son fils, avec lequel il s'est déjà, par la pensée et par le cœur, réconcilié.

---

1. En 1635-1636, le roi de France est Louis XIII.

3 Structure de la pièce

Au XVIIe siècle, le mot *comédie* possédait deux sens : il désignait, comme de nos jours, une pièce de théâtre propre à susciter le rire (par opposition à la tragédie qui cherche à émouvoir par de grands malheurs) ; et, d'une manière plus générale, il était synonyme de théâtre. *« Aller à la comédie »* voulait alors dire « aller au théâtre », que ce fût, par exemple, pour y applaudir *L'Avare* de Molière (une « comédie ») ou *Phèdre* de Racine (une « tragédie »). L'adjectif qualificatif *comique* revêtait les mêmes significations : il s'appliquait à ce qui provoque le rire ; et il était l'équivalent de l'adjectif *théâtral*, de ce qui se rapporte au théâtre.

C'est surtout à ce dernier sens que le titre de la pièce renvoie. Comme dans un rêve éveillé où l'imaginaire devient réel, le spectacle théâtral est le lieu où la fiction s'incarne sur scène.

De là vient que l'intrigue de *L'Illusion comique* est complexe et, à bien des égards, déconcertante. Sa structure est en effet une construction à trois niveaux, reposant sur le principe du théâtre dans le théâtre[1]. La cohérence de l'ensemble, assurée par divers procédés techniques, demeure pourtant forte. En fait, jamais pièce n'avait atteint avant Corneille un tel degré de complexité. Il importe d'autant plus d'en étudier l'organisation que celle-ci commande le sens général de l'œuvre.

1. Sur le sens de l'expression « théâtre dans le théâtre », voir p. 22-23.

UNE CONSTRUCTION À TROIS NIVEAUX

L'Illusion comique se déroule sur plusieurs niveaux.

• Le premier niveau

Il correspond au dialogue d'Alcandre et de Pridamant. L'intrigue en est simple. Deux hommes, présentés l'un à l'autre par Dorante, conversent : un père (Pridamant) s'inquiète de ce qu'est devenu son fils (Clindor) et il tente par tous les moyens, même surnaturels, de le savoir ; aussi s'adresse-t-il à un magicien. Ce niveau forme la totalité de l'acte I, la première et la dernière scènes de l'acte II, la dernière scène des actes III et IV, la première et la dernière scènes de l'acte V. À ce stade, la structure de l'œuvre reste traditionnelle. C'est celle qu'on observe dans n'importe quelle pièce de théâtre, où les spectateurs, assis dans la salle, voient une action se développer sur la scène.

• Le deuxième niveau

Il se présente, quant à lui, comme une évocation magique, rendue possible par les pouvoirs extraordinaires d'Alcandre. Des « spectres » (v. 152) — comprenons : des fantômes qui ont l'apparence d'êtres humains — surgissent dans le fond de la « grotte » qu'habite Alcandre. Ils ressuscitent le passé de Clindor et d'Isabelle, entrés au service de Matamore. Ce sont les actes II (à l'exception des scènes 1 et 10), III (à l'exclusion de la scène 12) et IV (moins la scène 10).

Ce deuxième niveau introduit un élément de complexité. La représentation des aventures de Clindor et d'Isabelle, à l'époque où ils servaient Matamore, constitue en effet un spectacle en soi. Et ce spectacle vient s'insérer dans le spectacle global qu'est *L'Illusion comique*.

• Le troisième niveau

Il accentue encore la complication. Aux scènes 2, 3 et 4 de l'acte V, Clindor, Isabelle et Lyse sont devenus des comédiens professionnels ; et ils apparaissent dans l'exercice de leur métier : non pas tels qu'ils sont dans la vie courante, mais dans les rôles qu'ils interprètent. Clindor joue le personnage de Théagène ; Isabelle incarne Hippolyte ; et Lyse campe Clarine. Tous trois interprètent une tragédie dont Corneille ne donne que le fragment le plus important. Un spectacle — théâtral cette fois — s'enchâsse de nouveau dans le spectacle général.

LE THÉÂTRE DANS LE THÉÂTRE

La structure de *L'Illusion comique* repose de la sorte sur le principe du théâtre dans le théâtre. Aussi convient-il de l'examiner de plus près, avant de préciser la manière dont Corneille l'utilise.

Explication et origine du principe

Le procédé du théâtre dans le théâtre obéit toujours à la même technique fondamentale. Il intervient quand une pièce prend pour sujet la vie des comédiens. Comme leur métier est de jouer, ces comédiens jouent ; et la pièce (A) met en scène des acteurs interprétant (en partie ou en totalité) une autre pièce (B). Ainsi que des poupées russes qui s'emboîtent les unes dans les autres, la seconde pièce (B) s'imbrique dans la première (A).

Ce procédé consistant à accueillir dans une œuvre une représentation de l'œuvre elle-même, provient de l'art ancien des blasons[1]. Les dramaturges l'avaient également adopté et adapté à la scène. Italiens et Anglais le pratiquaient déjà au XVIe siècle ; et les Français, sans qu'on sache vraiment s'ils l'ont ou non emprunté à leurs confrères étrangers, le connaissaient de leur côté[2].

---

1. Un blason est un ensemble de signes servant à distinguer un pays ou une famille (le plus souvent noble). Le blason des rois de France (donc de la France) se composait de trois fleurs de lys sur un fond bleu ciel. On parle également d'armoiries quand ces signes représentent des armes.
2. Juste avant Corneille, Baro dans sa *Célinde* (1628), Gougenot dans *La Comédie des comédiens* (1633) ou Georges de Scudéry dans une pièce portant le même nom et créée la même année, avaient recouru au procédé du théâtre dans le théâtre.

La double utilisation par Corneille du principe du théâtre dans le théâtre

Si Corneille n'est donc pas l'inventeur du procédé, du moins s'en sert-il avec une virtuosité jusqu'à lui inégalée. *L'Illusion comique* y recourt en effet par deux fois.

La première utilisation se produit avec la mise en scène (qui correspond au deuxième niveau de la structure) des années que Clindor et Isabelle passent auprès de Matamore. Ce premier spectacle à l'intérieur du spectacle relate les aventures passées mais réelles des deux jeunes gens.

La seconde utilisation du procédé concerne le fragment de la tragédie que jouent Clindor et Isabelle à l'acte V (qui constitue le troisième niveau de la structure). Ce second spectacle à l'intérieur du spectacle évoque les mésaventures fictives de personnages imaginaires, mais présentées comme réelles (puisque le spectateur voit ces personnages agir et parler sous ses yeux).

Une savante et subtile gradation caractérise ainsi *L'Illusion comique*. On peut résumer de la manière suivante :

– Le premier niveau traite d'événements réels[1], présents et contemporains des spectateurs (la conversation entre Pridamant et Alcandre).
– Le deuxième niveau traite d'événements réels, passés et antérieurs au présent des spectateurs (le passé de Clindor).
– Le troisième niveau traite d'événements irréels, mais présents et contemporains des spectateurs (Clindor acteur).

Progressivement on passe ainsi du réel au fictif, du vrai au faux sans s'en apercevoir. On s'en rend d'autant moins compte que Corneille ne prévient jamais du glissement qui s'opère d'un niveau à l'autre. Le spectateur ne comprend le mécanisme qu'après coup, à la fin de la pièce, quand le rideau se baisse. Mais il est trop tard. Le spectateur a cru que tout était vrai et actuel, alors que tout ne l'était pas. L'« illusion » a fonctionné à merveille.

1. Ces événements sont réels dans la mesure naturellement où ce qui se passe dans une pièce de théâtre (ou dans un film) est censé être réel.

UNE FORTE COHÉRENCE

Pour atteindre ce but et pour élaborer une construction aussi complexe, Corneille se devait d'éviter un danger majeur : celui du décousu et du disparate. Plus une structure est compliquée, plus le risque est important en effet de mal joindre les éléments qui la composent. *L'Illusion comique* possède au contraire une forte cohérence. La preuve en est que le spectateur qui assiste pour la première fois à la représentation de la pièce ne distingue sur le moment aucun des niveaux constitutifs du texte. Corneille, pour parvenir à cet exploit, manipule le temps et établit un minutieux réseau d'analogies et de ressemblances.

Une manipulation du temps

La cohérence naît d'abord de l'emploi, presque permanent, de l'indicatif présent. Grammaticalement, l'indicatif présent sert à énoncer une action au moment même où elle se produit. Or, dans *L'Illusion comique*, il remplit une triple fonction :
– Une fonction d'actualité (comme il est d'usage) dans le dialogue entre Alcandre et Pridamant (au premier niveau) qui se déroule réellement sous les yeux des spectateurs au moment où ceux-ci l'entendent.
– Une fonction d'actualisation : les aventures de Clindor, d'Isabelle et de Matamore sont remises au présent et rendues actuellement visibles par la magie d'Alcandre.
– Une fonction d'illusion : cet indicatif présent est cru véritable jusqu'à ce que les comédiens apparaissent en train de se partager la recette du spectacle.

Un réseau d'analogies et de ressemblances

La cohérence de la structure naît ensuite d'un jeu de miroirs, qui multiplie les ressemblances entre les actes II, III et IV d'un côté et l'acte V de l'autre. Elles existent sur deux plans : le plan des situations et le plan des caractères.

• **Les ressemblances de situations**

Les actes II, III et IV rappellent le temps où Clindor et Isabelle étaient au service de Matamore. Clindor est alors un jeune homme pauvre, qui s'est enfui de chez lui. Bien qu'elle soit plus riche que lui et malgré l'hostilité de son père (Géronte), Isabelle l'a suivi par amour sans se soucier d'Adraste, son soupirant. Les deux jeunes gens décident de se marier et de quitter Matamore.

Or, que constate-t-on dans le fragment de la tragédie inclus dans l'acte V ? Un couple marié est au service d'un grand seigneur. Le mari, d'origine modeste, qui a très tôt abandonné le logis paternel, a épousé une femme plus fortunée que lui. Celle-ci, qui ne manquait pas de prétendants, a bravé son père pour s'unir à l'homme qu'elle aimait.

Les analogies de situation sont évidentes. La similitude s'impose d'autant plus à l'esprit du spectateur que certains vers se font écho d'un ensemble à l'autre. À l'acte II, Isabelle dit par exemple à Clindor :

Un amour véritable
S'attache seulement à ce qu'il voit aimable.
Qui regarde les biens ou la condition[1],
N'a qu'un amour avare, ou plein d'ambition

(v. 505-508).

À l'acte V, la femme dit à son mari :

L'amour que j'ai pour toi m'a fait tout hasarder,
Non pas pour des grandeurs, mais pour te posséder.

(v. 1407-1408).

C'est le même thème.

Qu'en conclut le spectateur ? Il croit que l'acte V se situe dans l'exact prolongement des actes II, III et IV. Le couple en question est, pense-t-il, celui de Clindor et d'Isabelle, qui se sont mariés, qui ont quitté Matamore, et qui servent désormais un autre maître. Or il n'en est rien. Le couple présenté dans l'acte V est JOUÉ par les comédiens Clindor et Isabelle. Ce n'est pas leur vie personnelle que le spectateur découvre, mais leur rôle. La continuité est trompeuse. Elle n'en renforce pas moins la cohérence de la pièce.

---

1. La « condition » : le rang social.

• Les ressemblances de caractères

Le même phénomène se reproduit sur le plan psychologique. À la scène 5 de l'acte III, Clindor est un amoureux inconstant. Bien qu'il soit épris d'Isabelle, il noue, comme on disait alors, une brève « galanterie » avec Lyse. Bientôt, toutefois, il se ressaisit pour ne plus songer qu'à Isabelle. Mais Lyse, qui l'aime vraiment, en reste blessée. Aussi Clindor lui semble-t-il un « ingrat » (v. 823) et un « perfide » (v. 829).

À l'acte V, dans le fragment de la tragédie, le mari s'apprête à avoir une liaison avec l'épouse de son maître, et il devient un « perfide » (v. 1347) et un « ingrat » (v. 1393) aux yeux de sa propre femme. Ici et là, c'est (en apparence) le même homme volage.

C'est aussi le même spectaculaire revirement sentimental. À la scène 7 de l'acte IV, Clindor, attendant la mort dans sa prison parce qu'il a tué Adraste, mesure soudain la violence et la profondeur de l'amour qui le lie à Isabelle. L'épreuve redoutée de sa prochaine exécution lui fait voir clair en lui. Parallèlement, à l'acte V, le mari infidèle, devant la ferme détermination de sa femme à mourir pour ne pas survivre au déshonneur d'être trompée, sent renaître son amour pour celle-ci. Le mécanisme est dans les deux cas identique. La proximité du malheur et de l'irréparable agit comme un révélateur ; elle opère un tri entre les vraies et les fausses valeurs.

De nouveau, le spectateur ne peut que conclure à l'identité des personnages. Il imagine que ce sont les mêmes, confrontés, à des périodes différentes de leur existence, aux mêmes difficultés, et dont ils triomphent de la même façon. C'est, une fois de plus, une erreur. Les caractères campés dans l'acte V reproduisent faussement ceux dépeints dans les actes II, III et IV. Semblables, ils sont pourtant différents : pour la simple raison qu'en dépit des apparences (volontairement entretenues pas Corneille), il ne s'agit pas des mêmes personnes. Le jeu de miroirs s'avère trompeur. Il renvoie la même image, mais l'image ne provient pas de la même source.

En peinture, on désigne sous le nom de trompe-l'œil un objet peint qui donne à distance l'illusion de la réalité (par exemple, une fenêtre qui, vue de loin, paraît une vraie fenêtre alors qu'elle est un motif décoratif sur un mur aveugle). Dans *L'Illusion comique*, les scènes 2, 3 et 4 de l'acte V fonctionnent comme un trompe-l'œil. Le spectateur les croit vraies ; elles sont fictives.

L'unité de la pièce s'en trouve renforcée. L' « illusion » qui consiste, comme on le verra plus loin (p. 43 à 47), à mettre le spectateur dans l'impossibilité de savoir ce qui est imaginaire et ce qui est réel, tire en partie son origine et son efficacité de la structure même de l'œuvre.

4 Les personnages

L'Illusion comique comporte un nombre de personnages exceptionnellement élevé pour l'époque[1] : quinze au total.

Trois d'entre eux possèdent toutefois un statut si particulier qu'il n'est pas nécessaire de les analyser en détail. Ce sont les personnages que, dans le fragment de la tragédie inséré dans l'acte V de la pièce, interprètent les comédiens Clindor (qui joue le rôle de Théagène), Isabelle (qui joue le rôle d'Hippolyte, femme de Théagène) et Lyse (qui joue le rôle de Clarine, « suivante » d'Hippolyte). Leur fonction, comme on l'a vu dans l'étude de la structure (p. 24-26), est d'engendrer un trompe-l'œil.

D'autres personnages sont, en outre, fort secondaires. Dorante, qui disparaît dès la scène 2 de l'acte I, relève des utilités : ami d'Alcandre et de Pridamant, il a pour seule justification de présenter les deux hommes l'un à l'autre. Le « page » de Matamore, qui intervient brièvement dans la scène 2 de l'acte V, est un simple figurant. Le « geôlier », présent dans les scènes 6, 8 et 9 de l'acte IV, n'a d'intérêt que dans la mesure où, par amour pour Lyse, il favorise l'évasion de Clindor. Quant à Éraste, à la scène 4 de l'acte V, il n'existe que pour provoquer Clindor (interprétant Théagène) en duel pour (en apparence) le tuer.

Même ainsi réduit, le nombre des personnages (huit) reste encore important. Leur présentation s'avère délicate, puisqu'elle doit prendre en compte trois critères. Pièce de théâtre consacrée au théâtre, *L'Illusion comique* met en effet le plus souvent en scène des personnages qui appartiennent à une longue tradition théâtrale[2] connue des spectateurs du XVIIe siècle. S'ils sont dotés de surcroît d'un caractère et d'une vie

---

1. Les troupes se composaient alors de peu d'acteurs pour interpréter les personnages. Les dramaturges évitaient donc de créer des pièces comportant de nombreux rôles.
2. Cette tradition dont relèvent les personnages constitue l'essentiel des sources de Corneille. Celui-ci s'est moins inspiré de textes précis que de types littéraires.

propre qui les individualisent, ils remplissent par ailleurs une fonction symbolique[1]. C'est pourquoi, il convient pour beaucoup d'entre eux de préciser leur origine littéraire, leurs caractéristiques personnelles et leur signification cachée.

ALCANDRE

Dans les années 1635, le magicien est depuis longtemps un personnage traditionnel du théâtre. Il est même devenu un type[2] littéraire dans l'univers de la comédie, à l'égal du valet peureux ou du père autoritaire. Alcandre ne s'avère pourtant pas un magicien comme les autres. Beaucoup plus qu'un sorcier ou qu'un enchanteur, c'est un psychologue et un moraliste[3] qui, sur le plan symbolique, représente le dramaturge.

Un personnage traditionnel

Dans le premier tiers du XVIIe siècle, le public qui allait au théâtre appréciait par-dessus tout la pastorale, qui dépassait en prestige la tragédie (et, à plus forte raison, la comédie alors presque inexistante). La pastorale faisait évoluer dans un décor champêtre de pseudo-bergers, plus préoccupés de leurs amours que de leurs troupeaux ou des travaux agricoles. Elle évoquait un monde libre, proche de la nature, éloigné des ambitions et des intrigues, exempt des contraintes professionnelles. De là venait son succès. La pastorale faisait rêver à une forme de paradis.

L'amour y régnait en maître. Source de toutes les joies, il était aussi source de malheurs et d'inquiétudes. Tantôt l'amoureux ne voyait pas sa passion payée de retour, tantôt des rivaux entravaient son bonheur, tantôt la mort lui enlevait à jamais son aimée. On consultait donc souvent les magiciens pour qu'à force de philtres[4] et de formules, ils changent un

---

1. Un symbole est la représentation concrète et indirecte d'une autre réalité, souvent (mais pas toujours) abstraite. Une balance symbolise ainsi la justice.
2. En littérature (théâtre ou roman), un type désigne le modèle, en bien ou en mal, d'un trait de caractère : par exemple, Harpagon est le type de l'avare, dans *L'Avare* de Molière.
3. Un moraliste est celui qui observe et étudie les mœurs.
4. Un philtre est un breuvage magique destiné à inspirer l'amour.

amour non partagé en amour réciproque, ils éliminent un rival, ils ressuscitent une morte.

Alcandre est capable de pareils « miracles » (v. 88). L'univers ne renferme pour lui aucun secret (v. 59). Il connaît le passé et l'avenir (v. 58). Sans que Pridamant l'ait informé de l'objet de sa visite, il en devine d'emblée le motif ; et d'un coup de baguette magique, il fait revivre sous les yeux étonnés du père les aventures du fils. Possédant les pouvoirs traditionnellement attribués aux magiciens, Alcandre en offre encore l'apparence habituelle. On ne peut conquérir de tels pouvoirs sans avoir longuement étudié, sans avoir consacré sa vie à la science. Alcandre est donc un vieillard centenaire, à qui l'âge ne laisse qu' « un peu d'os et de nerfs » (v. 84). Ses forces sont pourtant intactes et « robustes » (v. 85), ce qui est une preuve supplémentaire et visible de ses talents.

Un magicien, psychologue et moraliste

Alcandre se distingue toutefois de ses confrères. Il dédaigne les effets de tonnerre, d'éclair et de fumée (v. 49 à 55) ; il méprise les magiciens qui utilisent des « herbes », des « parfums » (v. 129), des « mots inconnus » (v. 128) dans le seul but de se faire valoir et d'inspirer la peur (v. 132). La magie dont il s'occupe n'a donc que peu à voir avec les pratiques occultes des sorciers.

Tel que le dépeint Dorante et tel qu'il apparaît dans la pièce, Alcandre se montre profond psychologue. Rien d'humain ne lui est étranger. Ce vieillard comprend la souffrance de Pridamant. Sa délicatesse est en outre évidente. Quand il lui faut révéler au père le passé peu glorieux de Clindor qui vécut naguère d'expédients, il éloigne poliment Dorante (v. 157-158). L'amour-propre du père ne sera pas ainsi froissé par la présence indiscrète d'un tiers. Alcandre saisit également ce que Pridamant attend et espère de lui : des nouvelles certes de son fils, mais aussi et surtout les moyens de se réconcilier avec ce dernier.

C'est de cette façon qu'Alcandre devient moraliste. Il modifie l'état d'esprit de Pridamant. Sa méthode consiste à le faire alternativement passer par des périodes d'angoisse et d'apaisement. À la fin de l'acte II, il le rassure sur les projets inquiétants de Lyse qui, s'estimant trahie par Clindor, veut attirer le jeune homme dans un guet-apens vengeur :

> Ne craignez point : l'amour la fera bien changer (v. 624),

dit Alcandre à Pridamant qui se trouve à l'avance rassuré[1]. En revanche, à la scène 5 de l'acte V, le magicien ne cherche pas à dissuader Pridamant que Clindor est mort. Il prononce au contraire des paroles qui peuvent s'interpréter comme une confirmation de cette mort (v. 1605-1607).

Si rude soit-elle, cette méthode lui permet de conduire Pridamant vers sa décision finale de pardonner à Clindor et de courir le rejoindre. Après avoir tant craint pour son fils hors de la maison paternelle, il accepte d'autant mieux que Clindor ait embrassé la profession de comédien[2].

Dorante disait d'Alcandre :

> Quiconque le consulte en sort l'âme contente.
> Croyez-moi, son secours n'est pas à négliger. (v. 74-75).

La consultation que Pridamant est venu lui demander s'est muée en guérison.

Une image symbolique du dramaturge

Tout suggère enfin qu'Alcandre s'apparente symboliquement à un dramaturge. Comme celui-ci, il crée des personnages, qu'il fait évoluer par le biais d'une intrigue, représentée dans une salle de spectacle ; et ses pouvoirs magiques ressemblent fort en définitive aux privilèges que procure la fiction théâtrale.

Tel, en effet, un dramaturge inventant des personnages qui seront joués par des acteurs, Alcandre offre au regard de Pridamant

> ... des spectres[3] pareils à des corps animés ;
> Il ne leur manquera ni geste ni parole. (v. 152-153).

---

1. Alcandre calme encore Pridamant à la fin de l'acte III en lui révélant à l'avance que Clindor ne sera pas exécuté (v. 987-988).
2. Sur les préjugés de Pridamant à l'égard de la profession de comédien, voir l'analyse du personnage de Pridamant (p. 33).
3. Des « spectres » : des fantômes qui ont l'apparence des êtres humains.

Une intrigue confère à ces « spectres » une consistance et une vraisemblance psychologiques. L'histoire que dévoile Alcandre raconte la jeunesse de Clindor et d'Isabelle passée au service de Matamore, puis leur métier de comédien.

Cette histoire, Alcandre ne la raconte pas n'importe comment : il la *met en scène* dans sa grotte qui devient une salle de spectacle. Elle est plongée, pour sa plus grande partie, dans la « nuit » (v. 3), comme le sont les spectateurs ; et elle est illuminée par les « rayons d'un faux jour » (v. 4), comme est éclairée la scène où se meuvent les acteurs.

Les pouvoirs magiques dont, par définition, bénéficie Alcandre présentent enfin les mêmes avantages que ceux que la fiction théâtrale concède à un dramaturge. À l'exemple de ce dernier, il peut accélérer ou ralentir le temps, procéder à des anticipations ou à des retours en arrière. Alcandre fait ainsi revivre des événements passés (les actes II, III et IV). Par une accélération de la chronologie, il évoque ensuite sans transition (dans l'acte V) la profession présente de Clindor et d'Isabelle. Comme un auteur, Alcandre est maître du temps avec lequel il jongle à sa guise.

Il l'est encore de l'espace et des lieux, en faisant se succéder des endroits aussi différents qu'une place publique, une prison ou le jardin d'un palais royal. Dans l'univers magique, comme dans l'univers fictif du théâtre (ou, de nos jours, du cinéma), tout devient possible.

De même qu'un magicien a, par hypothèse, la faculté d'échapper aux lois physiques (spatio-temporelles) qui pèsent sur les autres hommes, de même la fiction théâtrale ignore ces contraintes. Le dramaturge, comme le mage, « d'un mot renverse la nature » (v. 1). Par l'éloge que Dorante fait d'Alcandre (v. 47 à 64), par les propos et les actions d'Alcandre lui-même, Corneille procède symboliquement à une illustration de son métier de créateur. Tel Alcandre qui vit à la campagne, Corneille écrit dans sa studieuse retraite rouennaise, loin de la foule et des mondanités parisiennes. Alcandre est le masque du dramaturge.

PRIDAMANT

Le père est à l'époque un personnage obligé de la comédie (il le sera encore du temps de Molière). Sa sévérité est traditionnelle. Pridamant n'échappe pas à cette convention du type[1] : il fut très autoritaire. Ses remords le rendent toujours émouvant, et ils favorisent son évolution psychologique : de père affligé, Pridamant devient un père compréhensif. Sur le plan symbolique, il figure par ailleurs le spectateur.

Un père affligé

Le drame de Pridamant ne commence pas avec la pièce : il dure depuis « dix ans » (v. 23), depuis que Clindor s'est enfui du logis familial. Pridamant a élevé son fils durement. Non que ce malheureux père fût en soi un monstre, mais parce qu'il croyait de bonne foi aux vertus d'une éducation rigide. Constatant l'insouciance et la légèreté de Clindor (v. 24-25), il s'est raidi dans sa « rigueur » (v. 32) pour, pensait-il, le maintenir dans le droit chemin.

La fuite de son fils l'a désespéré et lui a ouvert les yeux. Pridamant reconnaît en être le seul responsable : ses « traitements trop rudes » (v. 22) ont poussé Clindor à partir. Pridamant en souffre depuis lors. Son unique désir est de retrouver ce fils qu'il n'a pas compris, à qui il n'a pas su dire combien il l'aimait. La durée et l'étendue de ses recherches témoignent de la profondeur de son affection : il a parcouru l'Italie, l'Allemagne, l'actuelle Belgique et la France dans l'espoir, toujours déçu, de revoir Clindor (v. 33-36).

Quand, sur les conseils de Dorante, il se décide à visiter Alcandre, Pridamant s'est résigné au pire. N'a-t-il pas déjà en vain consulté d'autres magiciens qui se prétendaient tous plus exceptionnels les uns que les autres (v. 41-46) ?

Un père compréhensif

À mesure que les dons vraiment extraordinaires d'Alcandre lui révèlent la vérité sur Clindor, Pridamant sent ses inquiétudes progressivement s'atténuer jusqu'à disparaître totale-

1. Voir p. 29, note 2.

ment à la fin de la pièce. Cette évolution ne se produit pas sans heurts, ni à-coups. Pridamant rêvait sans doute pour son fils d'un avenir et d'une profession stables.

Or il nourrit sur le métier d'acteur, alors socialement très déconsidéré[1], les préjugés habituels de la bourgeoisie et de la noblesse du XVIIe siècle. « Mon fils comédien ! » (v. 1629), s'indigne-t-il. Jouer la comédie ne lui semble ni glorieux, ni honorifique, ni même une activité décente (v. 1643-1644). Il finira pourtant par admettre que Clindor a fait un bon choix :

> Le métier qu'il a pris est meilleur que le mien (v. 1672) ;

et il ajoutera :

> Clindor a trop bien fait (v. 1679).

Mais le père ne l'avouera qu'après avoir entendu l'éloge du théâtre que lui aura fait Alcandre (v. 1645-1670), qu'après avoir enfin admis l'utilité sociale et morale du théâtre[2]. Il peut ainsi annoncer sa prochaine réconciliation avec son fils.

Une image symbolique du spectateur

Pridamant symbolise par ailleurs le spectateur. À partir de l'acte II, il ne fait en effet rien d'autre que d'écouter et de regarder ce que lui dit et lui montre Alcandre. C'est par rapport à ce père angoissé d'avoir des nouvelles de son fils que l'évocation magique d'Alcandre prend son intérêt — comme c'est par rapport au spectateur qu'une pièce trouve sa justification : elle n'est jouée que pour lui.

Assis dans la « grotte » pour mieux contempler les « spectres » parlant, Pridamant est (sur scène) dans la position des (vrais) spectateurs qui sont dans la salle.

Comme Pridamant, ceux-ci compatissent aux mésaventures des deux jeunes gens. Ils éprouvent ce que Pridamant exprime à voix haute ; ils ressentent les mêmes inquiétudes et les mêmes soulagements que lui. Pridamant est en définitive le délégué de la salle sur la scène.

---

1. Voir p. 18, note 1.
2. Sur l'éloge du théâtre, voir p. 49-50.

CLINDOR

Fils de Pridamant, Clindor, bien qu'il soit issu d'un milieu bourgeois, est un jeune homme marginal et aventureux, qui trouve dans le théâtre non seulement sa vocation mais son équilibre moral. Aussi représente-t-il le type même de l'acteur épanoui.

Un marginal aventureux

Vif, rebelle à toute autorité, Clindor possède un tempérament ardent. Rien ne l'arrête, ni ne le retient, pas même des scrupules moraux. Avant de quitter son père, il lui a volé de l'argent. Comme la somme dérobée fut vite dépensée (v. 167-168), Clindor a exercé, pour vivre, de peu recommandables activités. Escroc, il a vendu de faux médicaments ; charlatan, il a dit la bonne aventure et il se fit avocat sans avoir la moindre notion de droit. Auprès de Matamore qui l'engagea à son service, il s'est comporté en valet parasite : toujours prêt à flatter son fanfaron de maître pour lui soutirer le plus d'argent possible (v. 196-198), il n'a reculé devant aucun mensonge ni devant aucune bassesse.

En réalité, Clindor est plus amoral qu'immoral[1]. Sa jeunesse et son caractère indépendant le portent presque spontanément à ignorer les conventions sociales et les règles élémentaires de l'honnêteté. Il souhaite seulement vivre à sa guise. Il ne se sent pas né pour mener une vie rythmée par des horaires précis et par des tâches répétitives. Le métier de clerc de notaire[2] qu'il pratiqua un temps finit pas l'ennuyer (v. 175). Libre et aimant la fantaisie, Clindor préfère chanter dans les rues, monter un numéro de cirque avec des singes, écrire pour l'un une chanson, pour un autre une satire[3] et pour soi quelques romans (v. 175-181).

---

1. Une personne amorale est celle qui ignore la morale ; une personne immorale transgresse en revanche délibérément les principes de la morale.
2. Voir p. 11, note 1.
3. Une satire est une œuvre (en vers ou en prose) qui attaque violemment les vices et les ridicules des hommes.

Clindor ressemble en définitive aux personnages des romans picaresques espagnols[1] qui ont donné leur nom au genre. Dans cette sorte de romans, les picaros passent de métier en métier, d'aventure en aventure, sans trop se soucier d'honnêteté et de morale. Le plaisir et l'insouciance les guident, comme Clindor.

Profession : comédien

Clindor, le marginal, réalise sa vocation dans le théâtre. C'est d'abord par ses habits de scène qu'il est désigné comme un acteur. Une didascalie[2] précise en effet que, sur « un coup de baguette » magique d'Alcandre, « on tire un rideau derrière lequel sont en parade les plus beaux habits des comédiens » (v. 133-134). (Il convient ici d'établir une distinction entre le lecteur et le spectateur de la pièce. Le lecteur lit : « les plus beaux habits des *comédiens* » ; il sait donc tout de suite qu'il s'agit d'une représentation théâtrale. Le spectateur, lui, ne voit que de *beaux habits*, et ce n'est qu'à la fin de la pièce qu'il s'aperçoit que ce sont des costumes de théâtre. Sur le moment, il ne peut le deviner. Mais que la compréhension soit immédiate ou différée, les habits de théâtre, images de personnages interprétés, dépeignent d'emblée Clindor comme un acteur.)

Le cinquième acte le montre dans l'exercice même de son métier. *Représentant Théagène*, ainsi que l'indique la didascalie de la scène 3, il campe le personnage d'un favori ingrat, amoureux de la femme de son bienfaiteur. Le baisser de rideau (de la « toile », comme on disait alors) à la fin de la scène 4, puis le lever de rideau (au milieu de la scène 5) qui laisse apparaître les acteurs de la troupe en train de partager la recette de la soirée, montrent que Clindor est devenu un acteur professionnel. Selon Alcandre, il a conquis le public parisien, et il est devenu un comédien reconnu, applaudi et riche (v. 1668).

---

1. Les romans espagnols des XVIe et XVIIe siècles avaient pour personnages principaux des picaros, qui étaient des aventuriers sympathiques, mais souvent sans scrupules. Traduits en français, ces romans étaient très connus. Le plus célèbre d'entre eux est *La vie de Guzman d'Alfarache* de Mateo Aleman (1559).
2. Une didascalie est une indication de mise en scène donnée par l'auteur.

Un comédien équilibré et épanoui

Entre le marginal des actes II, III et IV et l'artiste de l'acte V, on peut se demander s'il y a un lien. Comment Clindor est-il passé d'un état à l'autre ? Le rapport entre les deux périodes de son existence s'avère, à la réflexion, très étroit. Le théâtre sauve Clindor de la marginalité qui, de charlatanisme en escroquerie, risquait de le faire sombrer dans la malhonnêteté. La profession d'acteur lui permet en effet de satisfaire son goût profond, naturel, de la liberté et du changement.

En quoi consiste en effet cette profession ? À jouer des rôles, à figurer des personnages, à revêtir de pièce en pièce des apparences toujours nouvelles. Or qu'a fait naguère Clindor, sinon changer de rôle chaque fois qu'il changeait de métier ? Que faisait-il auprès de Matamore sinon interpréter le rôle de témoin (imaginaire) des exploits guerriers que son maître était censé avoir accomplis ? Significativement d'ailleurs, il se fait appeler « sieur de la Montagne » (v. 206) quand il entre au service de Matamore : ce pseudonyme souligne symboliquement qu'il jouait un rôle.

La vie de Clindor n'a ainsi été qu'une suite de personnages : astrologue, diseur de bonne aventure, chanteur de rue, faux pharmacien. Il jouait déjà, mais sans le savoir, tant ses talents le poussaient à changer d'apparence, de fonction, d'état — exactement comme un acteur se métamorphose à chaque fois qu'il aborde une nouvelle pièce. La marginalité de Clindor l'a préparé à sa future profession, qu'il n'a pas apprise dans un conservatoire, mais à l'école de la vie.

Dans l'existence courante toutefois, jouer plusieurs rôles peut devenir dangereux et moralement répréhensible. C'est toujours plus ou moins tromper, ruser avec la réalité, tricher avec les normes morales. Sur une scène de théâtre, c'est au contraire une nécessité et une qualité. Le théâtre récupère ainsi Clindor, pour le plus grand plaisir du public : acteur, celui-ci peut exercer l'art de feindre sans pour autant duper les autres. Grâce au théâtre, Clindor n'est plus un marginal : il est devenu un homme épanoui, en accord avec lui-même et la société.

MATAMORE

Le nom même de Matamore renvoie à une longue tradition dramatique[1] non seulement française, mais européenne. Corneille le savait mieux que quiconque ; et, en décidant d'appeler ainsi son personnage, il s'obligeait à respecter cette tradition. Matamore est en effet un type littéraire[2], fanfaron par convention, qui ne retrouve d'originalité qu'en figurant sur le plan symbolique l'acteur manqué.

Un type littéraire

Le soldat fanfaron est un des personnages les plus anciens du théâtre comique occidental. Dans l'Antiquité grecque, le dramaturge Aristophane (vers 450-386 avant J.-C.) l'avait mis en scène dans *Les Acharniens* ; et chez les Latins, il avait été le héros ridicule d'une comédie de Plaute, le *Miles gloriosus* (vers 200 avant J.-C.). Depuis, le soldat fanfaron avait connu, sous des visages divers, un succès considérable dans toute l'Europe, et particulièrement en France durant les quarante premières années du XVIIe siècle.

Quant au nom précis de Matamore, il est d'origine espagnole. Il est lié à l'une des pages les plus célèbres de l'histoire d'Espagne et à la victoire de ce pays sur les Mores[3]. C'est en effet le titre donné à saint Jacques de Compostelle, patron[4] de l'Espagne et modèle de son héroïsme militaire : « Santiago Matamoros » signifiait « Jacques Dompteur de Mores ». Pour les Espagnols, ce nom n'évoque donc rien de grotesque. Il leur est au contraire sacré.

Mais les Français avaient, depuis le début du siècle, pris l'habitude de tourner en dérision ce nom symbole de l'orgueil militaire espagnol. La guerre de Trente Ans (1618-1648), opposant la France à l'Espagne pour la conquête de la suprématie politique en Europe, avait renforcé cette coutume.

---

1. Au sens premier et encore courant du terme, l'adjectif « dramatique » signifie « ce qui se rapporte au théâtre ». Une tradition dramatique est la tradition théâtrale.
2. Voir p. 29, note 2.
3. Longtemps, une partie importante de l'Espagne fut occupée par les Arabes, alors appelés les « Mores » (les « Maures », selon l'orthographe moderne). Ils occupèrent l'Espagne de 711 à 1492.
4. Dans le vocabulaire religieux, un patron désigne le saint ou la sainte qu'un pays (ou un particulier) reconnaît pour son protecteur.

Flattant à bon compte le patriotisme français, l'exploitation caricaturale du nom de Matamore était générale au théâtre. Entendait-on prononcer : « Matamore » ? On pensait automatiquement : « Fanfaron ».

Un maître fanfaron

Le personnage de Corneille est exactement conforme à la tradition et au type littéraires. Matamore affirme être l'incarnation du dieu Mars (le dieu latin de la guerre) et du dieu Amour ; il est, en fait, le plus poltron des hommes et le plus ridicule des amants. Le procédé technique, qui crée tout le comique du rôle, est sans cesse le même : les événements démentent à chaque fois les vantardises de Matamore.

Ce guerrier prétend en effet avoir triomphé sur les champs de bataille du monde entier : en Perse, en Chine (v. 227), au Mexique (v. 310), en Égypte (v. 448), dans toute l'Afrique (v. 327). Semant partout la terreur d'un seul de ses regards, il dit valoir à lui seul une armée (v. 231). Évidente, l'exagération prête d'autant plus à sourire que Matamore s'épouvante du moindre bruit et qu'il s'enfuit à la moindre alarme. La crainte de recevoir des coups de bâton le fait se cacher... pendant « quatre jours » (v. 1168) dans un grenier[1].

Ses prouesses amoureuses sont également imaginaires. À l'entendre, aucune femme ne peut résister à son charme (v. 265-268). Mais lui qui aime vraiment Isabelle (on peut être ridicule et sincère à la fois !) se voit préférer Clindor par la jeune fille. Ce prétendu don juan n'essaie même pas de lutter pour gagner le cœur de celle qu'il aime. Il suffit que Géronte, le père d'Isabelle, le menace de le faire bastonner par ses valets pour qu'il renonce à tout projet de mariage. Il suffit que Clindor veuille le provoquer en duel pour que, sous prétexte de générosité (en fait, par lâcheté), il lui « donne » (v. 954) Isabelle !

Une image symbolique de l'acteur manqué

Parce qu'il est l'héritier du type littéraire du fanfaron, Matamore, sur le plan symbolique, se confond par essence avec

1. Sur la lâcheté de Matamore et ses dérobades, voir encore les vers 342-345 ; 731 ; 861-880.

un acteur. Il est voué à faire parade de sa bravoure, mais d'une bravoure qui n'existe que dans son imagination. Matamore n'est pas un héros : il joue les héros et, en ce sens, il n'est qu'un rôle (de théâtre) qu'il interprète.

Matamore a constamment besoin d'un public. Il n'a engagé Clindor et Isabelle à son service que pour qu'ils l'entretiennent complaisamment dans ses rêves de grandeur et pour qu'ils lui donnent la réplique. De cette tâche, Clindor s'acquitte d'ailleurs à merveille en approuvant et en relançant sans cesse son maître[1]. Matamore paie encore d'autres serviteurs pour qu'ils viennent lui annoncer « d'heure en heure » (v. 479) l'arrivée d'un ambassadeur.

Quand, par hasard, son public habituel et complice lui fait défaut, Matamore redevient ce qu'il est réellement : un lâche terrifié à l'idée de mourir[2]. Le fanfaron n'existe vraiment et pleinement que dans ses pseudo-exploits. Il confond son rôle de guerrier et d'amant avec sa vie, et il fait de sa vie une immense scène. Hors d'elle, il n'est plus rien.

S'il incarne symboliquement le comédien, Matamore représente toutefois le comédien manqué. À force de confondre la vie et la scène, le réel et l'imaginaire, il perd toute raison et tout bon sens. Une certaine forme de folie le guette. Évoluant dans le fictif (c'est-à-dire dans le mensonge), il en oublie l'honnêteté la plus élémentaire. Il ne sera jamais heureux, ni ne fera jamais le bonheur des autres.

Matamore est l'anti-Clindor : il n'a pas su trouver, contrairement à son éphémère valet, la voie qui lui aurait permis de se réaliser : celle du (vrai) théâtre. Ses rêves ne traduisent que son vide intérieur. Son héroïsme et ses amours supposés n'en font qu'un clown.

ISABELLE

L'amour qu'elle porte à Clindor définit tout entière Isabelle. Elle aime, elle se sait aimée, et cette certitude explique sa sincérité, son courage et sa noblesse d'âme.

Isabelle est en effet une jeune fille spontanée, directe.

1. Voir par exemple les vers 228 ou 318.
2. Voir la scène 7 de l'acte III.

Lorsque, conformément aux lois de la galanterie[1], Clindor s'apprête à de longues protestations d'amour, elle l'interrompt presque aussitôt : à quoi bon « ces propos superflus » (v. 487), puisqu'ils sont à l'évidence épris l'un de l'autre ? Cette franchise s'appuie sur une grande droiture morale. Bien que Clindor soit pauvre, elle n'écoute que sa passion. Tout calcul lui semblerait indigne. Aussi, quand son père (Géronte) lui propose un beau parti, n'hésite-t-elle pas un instant. Malgré les reproches et les menaces, elle entend n'obéir qu'à son cœur : « Je veux choisir pour moi » (v. 516) ; et c'est sans ménagement qu'elle repousse les offres de mariage d'Adraste. Sa grandeur d'âme éclate quand, condamné à mort, Clindor se trouve dans une situation apparemment sans issue. Décidée à le rejoindre dans la mort (v. 1004), Isabelle s'élève au rang des héroïnes de tragédie. Tant de fidélité émeut.

LYSE

Servante d'Isabelle, Lyse est un personnage plus complexe que sa maîtresse. Elle dissimule sa souffrance sous un caractère enjoué. Responsable, par dépit et par vengeance, des malheurs de Clindor et d'Isabelle, elle est aussi à l'origine, par générosité, de leur bonheur.

Lyse souffre de sa condition de domestique. Parce que sa situation est modeste, aucun homme ne la regarde ni ne songe à l'épouser. Adraste croit l'acheter par un diamant (II, 8) afin qu'elle l'informe des faits et gestes d'Isabelle et de Clindor : il l'humilie en réalité, car, en agissant ainsi, il la traite comme une femme vénale[2] et sans importance. Lyse a beau en rire, la blessure demeure (II, 9). Amoureuse de Clindor, elle ne supporte pas davantage que celui-ci la raille. Ne lui dit-il pas qu'il l'aimerait volontiers... s'il était moins pauvre ou si elle était plus riche (v. 787-801) ? Sur l'instant, Lyse ne laisse rien transparaître de sa douleur. Mais c'en est trop, et elle décide de se venger.

---

1. Les lois de la galanterie exigeaient qu'un jeune homme fasse sa cour à celle qu'il aime. Cette obligation rendait cette cour quelque peu conventionnelle. Isabelle, qui le sait, préfère la simplicité.
2. Une femme vénale est une femme qui pour de l'argent est prête à faire n'importe quoi.

En informant Adraste du lieu où se trouve Clindor, elle est à l'origine de la rencontre des deux hommes et de ses suites malencontreuses : le duel, la blessure mortelle d'Adraste, l'arrestation et la condamnation à mort de Clindor. Lyse qui n'avait pas prévu que les événements puissent tourner si mal, et qui ne le souhaitait d'ailleurs pas, change alors radicalement. Elle met tout en œuvre pour sauver Clindor : elle élabore un projet d'évasion, elle séduit le geôlier, elle accepte même de l'épouser (IV, 6). Son sacrifice (car Lyse n'aime pas le geôlier) permet le bonheur définitif de Clindor et d'Isabelle. Son évolution psychologique, son efficacité et sa générosité font de Lyse une servante attachante et exceptionnelle.

GÉRONTE

Dans son rôle d'opposant au mariage de sa fille et de Clindor, Géronte est un père comme il s'en fait depuis l'Antiquité grecque dans la comédie : son nom même, qui désigne le vieillard[1], l'enracine dans la tradition. Bien qu'il soit peu sympathique par fonction, il n'est pas ridicule. Il se comporte au contraire en père soucieux de l'avenir d'Isabelle. Adraste, qu'il voudrait pour gendre, n'est pas en soi un mauvais choix. Mais Géronte a un tort majeur et qui suffit à le discréditer : celui d'ignorer que l'amour ne se commande pas et qu'on ne fait pas le bonheur des gens malgré eux.

ADRASTE

Bien que ce soit d'une autre façon, Adraste est à peu près dans le même cas que Géronte. Ses qualités sont réelles : il est noble, riche et bien élevé. Isabelle elle-même reconnaît qu'il est « parfait » (v. 635). Mais comme son amour n'est pas partagé, il apparaît toujours importun et antipathique. Sa mort ne le rend pas plus émouvant. Aucun personnage de la pièce ne le regrette.

1. En grec, *gerôn* désigne le vieillard.

5 Le thème de l'illusion dans *L'Illusion comique*

Qu'est-ce qu'une « illusion » ? Un mirage, une vision, un trompe-l'œil[1], une chimère. Ses formes sont infinies, son résultat toujours le même : le faux a été pris pour le vrai. *L'Illusion comique* mérite à cet égard son titre : l'erreur y règne en maîtresse absolue. Elle se situe sur trois plans :

– au cœur des personnages qui se trompent et sont trompés sur eux et sur les autres ; c'est l'univers du masque ;

– au cœur de la construction qui multiplie les apparences trompeuses ; et c'est alors le spectateur qui en est la victime ; le temps et l'espace sont abolis ;

– au cœur de la connaissance philosophique qui voit la notion de réalité, de prime abord élémentaire et objective, remise en cause.

L'UNIVERS DU MASQUE

Le mensonge est omniprésent dans *L'Illusion comique*. Or mentir ou se mentir, c'est faire croire, à soi ou aux autres, ce qui n'existe pas ; c'est entretenir une illusion.

Matamore, ce lâche qui vante ses prouesses, vit dans un imaginaire héroïque évident. Mais Clindor ment également : sous le pseudonyme de « sieur de La Montagne », il cache à Matamore sa véritable identité, il entre dans son jeu absurde, il lui prête des exploits fictifs, il se fait passer pour son admirateur[2]. Même si c'est pour la bonne cause puisqu'il s'agit de sauver Clindor, Lyse ment aussi au geôlier, qu'elle fait semblant d'aimer[3]. Et le geôlier ment à Clindor en lui annonçant son exécution prochaine[4]. Quant à la

1. Voir plus haut, p. 24-25.
2. Voir toute la scène 2 de l'acte II.
3. « D'un mutuel amour j'ai formé l'apparence », dit Lyse (v. 1074).
4. Vers 1287 : « Oui, vous mourrez de nuit. »

droite Isabelle, elle joue à mentir avec Matamore ; elle feint d'admirer ses hauts faits et d'être flattée de son amour[1].

Chacun apparaît en conséquence à autrui différent de ce qu'il est. Clindor est pour Matamore un valet fidèle et sûr, cependant qu'il incarne pour Isabelle l'amant parfait. Lyse représente pour Clindor une amie complice et amoureuse alors qu'elle le trahit et qu'elle le livre à Adraste. Elle est encore pour Isabelle une servante dévouée, tandis qu'elle espère être sa rivale auprès de Clindor. De toutes ces facettes des personnages, quelle est la vraie et quelle est la fausse ? On ne sait.

Comment le sauraient-ils d'ailleurs eux-mêmes, puisque, s'ils trompent les autres, il leur arrive aussi de se tromper ? Lyse pensait sincèrement détester Clindor : elle le sauvera de la mort et elle se sacrifiera pour lui en épousant le geôlier. Elle se trompait donc sur sa haine, qui n'était ni si forte ni si réelle qu'elle l'imaginait. Clindor ne se connaît pas davantage lui-même : il s'affiche devant Lyse en séducteur cynique[2], uniquement soucieux de la dot de la femme qu'il épousera[3]. En prison, dans l'attente de son exécution, il n'est qu'amour pour Isabelle. Lui aussi se trompait sur ses sentiments. Quant à Matamore, il est à peine besoin de souligner combien il est prisonnier de ses rêves.

Volontairement ou non, presque tous les personnages de la pièce portent donc des masques. Or si eux-mêmes finissent par croire (fût-ce un instant) à leurs propres fictions, c'est que le mensonge, atteignant sa cohérence, revêt toutes les apparences de la réalité. Où est dès lors le vrai ? le faux ? L'illusion aveugle d'abord les personnages.

L'ABOLITION DU TEMPS ET DE L'ESPACE

L'analyse de la structure de *L'Illusion comique* a révélé l'existence de trois niveaux (voir p. 21-22). On se rappelle que le premier correspond au dialogue d'Alcandre et de

---

1. Voir toute la scène 4 de l'acte II.
2. Un cynique est une personne qui se moque des valeurs morales et des conventions sociales.
3. Voir la scène 5 de l'acte III, du vers 787 au vers 822.

Pridamant. Le second ressuscite, par le biais de « spectres », la jeunesse passée, mais réelle, de Clindor. Le troisième est celui du théâtre dans le théâtre. On se souvient aussi qu'un jeu de miroirs assure la cohérence de l'ensemble : d'habiles trompe-l'œil mettent le spectateur dans l'impossibilité de distinguer ce qui relève des aventures réelles de Clindor et de ses rôles de comédien. La construction de la pièce génère donc une illusion qui induit le spectateur en erreur, puisqu'il prend le fragment de la tragédie inséré dans l'acte V pour réel alors qu'il ne l'est pas (voir p. 21-22). Mais l'illusion ne s'arrête pas là. Elle porte encore sur les deux éléments fondamentaux dans l'architecture de toute œuvre : l'espace et le temps.

Les aventures de Clindor, d'Isabelle et de Matamore, représentées dans les actes II à IV, se déroulent à l'évidence dans des lieux différents de ceux de l'acte I (qui voit la rencontre d'Alcandre et de Pridamant). Le fragment de la tragédie contenu dans l'acte V exige de nouveau un décor différent de celui des actes II à IV et de celui de l'acte I. Mais tous ces lieux sont perçus depuis la grotte d'Alcandre. Il s'ensuit que Pridamant et, avec lui, le spectateur, sont à la fois dans la grotte et ailleurs. Dès lors, où est-on vraiment au juste ? L'espace est-il aboli ou démultiplié ? Les points de repère s'effondrent. Aucun lieu ne s'impose plus comme une réalité objective.

Comme l'espace, le temps est aboli. Le spectateur ne sait en effet jamais à quel moment du temps (passé, présent, futur) il se situe. Quand, par exemple, Isabelle se lamente de l'exécution prochaine de Clindor, qui doit avoir lieu « demain » (v. 990), ce « demain » est en fait un passé, puisqu'il appartient à la période révolue de son existence. Mais le spectateur, lui, l'ignore sur le moment (il lui faudra attendre la fin de la pièce pour le savoir). Et, à l'acte V, le fragment de la tragédie est-il un passé ou un présent ? S'agit-il, grâce aux pouvoirs magiques d'Alcandre, d'une retransmission « en direct » du spectacle que donnent alors Clindor et Isabelle à Paris ? Ou s'agit-il d'une rétrospective, comme c'était le cas dans les actes II à IV ? La question reste sans réponse. Le spectateur n'en est que plus décontenancé.

L'étonnant est que Corneille a pris soin de multiplier les mises en garde et d'avertir de la présence de l' « illusion ».

Alcandre prévient en effet à plusieurs reprises Pridamant du dénouement heureux de son enquête :

> Vous reverrez ce fils plein de vie et d'honneur (v. 123).
> Je vous le veux montrer plein d'éclat et de gloire (v. 202).
> Ne craignez point : l'amour la fera bien changer (v. 624).
> Vous le verrez bientôt heureux en ses amours (v. 988).

Pourtant, à chaque fois, Pridamant et le spectateur tremblent à chaque nouveau malheur de Clindor. Plus l'événement est annoncé, plus il surprend ! Ce n'est pas la moindre des illusions engendrées par la construction de la pièce.

LA REMISE EN CAUSE DU RÉEL

Ces illusions soulèvent deux graves questions : qui est qui ? et qu'est-ce que le réel ? La portée de ces questions dépasse certes le cadre d'un spectacle pour revêtir une coloration philosophique. Mais quand le public de *L'Illusion comique* prend (à l'acte V) le fragment de la tragédie jouée par Clindor pour la vie même de Clindor, n'est-ce pas parce que le théâtre peut ressembler à la vie ? Et si le théâtre est illusion, la vie ne serait-elle pas à son tour illusion, ou source d'illusions ? Face à la double crise de l'identité et du réel qu'il découvre en assistant à une représentation de *L'Illusion comique*, le spectateur est bien obligé de s'interroger.

Qui est qui ? Ou la crise de l'identité

L'omniprésence du mensonge (voir p. 43-44) remet en cause la notion, simple en apparence, de personne. Qui est par exemple Clindor, personnage de *L'Illusion comique* ? C'est tout à la fois :
– un acteur jouant le rôle d'un être fictif appelé Clindor et créé par Corneille dramaturge ;
– un être fictif d'abord présenté sous la forme d'un « spectre », sous l'illusion d'un fantôme ;
– un homme qui cache son identité et qui se fait appeler « sieur de La Montagne » ;
– un homme qui joue un rôle devant Matamore ;
– un personnage qui devient acteur et qui interprète un rôle.

Qui est-il vraiment ? Comment ne pas être saisi d'un vertige ? Mais, objectera-t-on, il ne s'agit que de Clindor. Certes, mais qui est le spectateur ? Celui qui est assis dans la salle du théâtre ou Pridamant qui est assis sur la scène ? Et le spectateur assis dans la salle est-il certain de n'avoir jamais menti, jamais joué au fanfaron, jamais interprété dans la vie un personnage, un rôle ? Qui est qui, en définitive ?

Une crise du réel

L'abolition du temps et de l'espace (voir p. 44) diminue par ailleurs l'écart qui peut exister entre l'illusion et le réel. Le fragment de la tragédie (à l'acte V) apparaît (sur le moment) comme la réalité, mais le métier de comédien qu'exerce Clindor (et que le spectateur apprend après coup) révèle que c'est une illusion. Les aventures de Clindor (dans les actes II à IV) apparaissent réelles, mais les pouvoirs magiques d'Alcandre les dépeignent comme des représentations illusoires données par des fantômes, par des « spectres ». Quant à la conversation, au début de la pièce, entre Alcandre et Pridamant, elle paraît incontestablement réelle ; toutefois il s'agit bien de théâtre : Alcandre et Pridamant ne sont que des acteurs qui, eux-mêmes, perdent, en jouant leur rôle, leur identité personnelle. Où est l'imaginaire ? Où est la vérité ? le fictif ? le réel ? L'illusion peut consister à prendre pour vrai quelque chose de faux. Mais elle peut aussi consister à interpréter faussement quelque chose de vrai. Les illusions contenues dans *L'Illusion comique* ont pour fonction de dénoncer ou d'attirer l'attention sur les illusions dont on peut être victime dans la vie, ou sur l'illusion que constitue la vie elle-même.

6 Représentation et éloge du théâtre

L'Illusion comique est une pièce de théâtre qui prend le théâtre pour sujet. Ce n'était pas en soi nouveau : avant Corneille, d'autres dramaturges avaient eu la même idée. Mais l'originalité de Corneille tient à la manière dont il l'exploite et au sens qu'il lui donne. Avec *L'Illusion comique*, c'est en effet tout le théâtre qui est mis en scène, pour mieux en faire l'éloge et en célébrer les bienfaits moraux.

LE THÉÂTRE MIS EN SCÈNE

Toute pièce est un spectacle : elle n'est écrite que pour être jouée. Selon les genres, ce spectacle représente les aventures comiques ou tragiques d'un ou plusieurs personnages. Le spectacle que propose *L'Illusion comique* est différent : il consiste dans la représentation d'un (autre) spectacle.

Le procédé du « théâtre dans le théâtre » (voir p. 22) n'en est qu'une illustration parmi d'autres. L'étude des personnages a également montré que certains d'entre eux assumaient une fonction symbolique qui renvoyait au monde du théâtre : Alcandre se comporte en dramaturge (voir p. 31) ; Pridamant réagit en spectateur (voir p. 34) ; et Matamore et Clindor sont des acteurs (voir p. 35 et 38). Mais ce n'est là encore qu'un des aspects de cet univers clos où le théâtre regarde sa propre image.

L'Illusion comique se présente comme une évocation des diverses sortes de pièces de théâtre qui existaient au XVIIe siècle. C'est une parade. Une parade est certes une cérémonie militaire où des troupes défilent en grande tenue. À l'époque de Corneille, c'était aussi l'exhibition ou le défilé que des comédiens donnaient sur une place ou dans les rues d'une ville pour annoncer leur spectacle et pour attirer les spectateurs. Cette parade se composait de brefs extraits de la représentation afin de piquer la curiosité du public[1]. De même, *L'Illusion comique* rassemble et évoque brièvement diverses formes dramatiques[2] :

– C'est d'abord une comédie fondée sur le ressort le plus banal du théâtre comique. Deux jeunes gens (Clindor et Isabelle) s'aiment ; le père de la jeune fille (Géronte) s'oppose au mariage, préfère un gendre plus riche (Adraste) ; le rival finit toutefois par être éliminé, et l'amour triomphe. Sur ce canevas, Molière bâtira plus tard la plupart de ses comédies.

– C'est aussi une tragédie par l'insertion dans l'acte V des fragments de la pièce, interprétée par Clindor et Isabelle.

– C'est parfois une farce[3] quand Matamore, menacé de bastonnade, court se terrer dans un bosquet ou dans un grenier (III, 7 et IV, 4).

– C'est un écho de la pastorale[4] avec la présence du magicien Alcandre, avec le décor champêtre de l'acte I.

– C'est enfin une allusion à la tragi-comédie[5] par l'épisode grave, mais qui se terminera bien, de l'emprisonnement et de la condamnation à mort de Clindor (tout l'acte IV).

L'ÉLOGE DU THÉÂTRE

Cette mise en scène du théâtre obéit à une intention précise. À la fin de la pièce, Alcandre, pour dissiper les préjugés de Pridamant[6] sur le métier de comédien, fait un vibrant éloge du théâtre. Dans la mesure où *L'Illusion comique* évoque toutes les formes théâtrales, c'est sur tout le théâtre que rejaillit cet éloge. Le théâtre, dit Alcandre, est devenu « le divertissement le plus doux » (v. 1650) qui soit, « les

---

1. Cette sorte de parade existe encore dans le monde du cirque, où il n'est pas rare de voir les artistes du cirque défiler sur la place ou dans la ville, où ils ont installé leur chapiteau.
2. Une forme dramatique désigne un type particulier de pièce de théâtre : une comédie (ou une tragédie) est par exemple une forme dramatique.
3. Une farce est une comédie rudimentaire, fondée essentiellement sur des déguisements et des échanges de coups.
4. Sur la pastorale, voir p. 29.
5. Sur la tragi-comédie, voir p. 8, note 1.
6. Voir p. 34.

délices du peuple, et le plaisir des grands » (v. 1651), c'est-à-dire du roi (alors Louis XIII) et de sa cour. Les dramaturges, longtemps à tort méprisés, s'efforcent, selon Alcandre, d'enrichir culturellement le public (v. 1661-1664) ; quant aux acteurs, ils peuvent honnêtement gagner leur vie (v. 1665-1666).

Un tel éloge a de quoi surprendre aujourd'hui, où nul n'imaginerait de dénier toute valeur et tout intérêt au théâtre (ou à toutes les formes d'expressions artistiques). Mais il se comprend d'après le contexte historique. Au début du XVIIe siècle, le théâtre avait mauvaise réputation : les représentations étaient souvent troublées par des bagarres entre spectateurs ; des voleurs se faufilaient dans la foule, par ailleurs peu exigeante sur la qualité du spectacle.

La situation change aux alentours de 1630. Sous l'influence des salons[1] et de la Cour, les mœurs se polissent progressivement. Richelieu (1585-1642), qui gouverne alors la France, s'intéresse en outre de fort près au théâtre. Il rend plus sûre la fréquentation des salles de spectacles ; et il encourage de jeunes auteurs, parmi lesquels figure Corneille, à écrire des œuvres plus relevées, capables de séduire un public raffiné. Le théâtre passe peu à peu pour un divertissement honnête et à la mode. Avec *L'Illusion comique*, Corneille participe à sa réhabilitation.

LES BIENFAITS MORAUX DU THÉÂTRE

Cette réhabilitation, Corneille ne l'entreprend pas seulement sur le plan social en affirmant que le théâtre est devenu un passe-temps agréable et recherché par le public ; il l'étend également au plan moral. *L'Illusion comique* veut aussi convaincre des vertus du théâtre. Corneille adapte, pour cette

1. Au XVIIe siècle, on appelait « salons » les réunions de gens du monde autour d'un hôte pour s'entretenir d'art, de littérature ou de sciences. À l'époque de Corneille, le salon le plus célèbre est celui de l'Hôtel de Rambouillet, du nom de la marquise de Rambouillet qui réunissait chaque semaine à Paris les esprits les plus cultivés du temps.

démonstration, un vieux thème philosophique : celui du « théâtre du monde », dont il propose une interprétation laïque, profane.

Le thème du « théâtre du monde »

L'expression « théâtre du monde » est la traduction française de la formule latine *« theatrum mundi »*. Elle s'applique à une vision religieuse du monde et de l'homme. Selon cette conception, le monde est un théâtre sous le regard de Dieu. La vie est une pièce. Chacun y joue son rôle professionnel et familial, y déploie les multiples facettes de sa personnalité. Il y a l'Auteur (Dieu), l'Acteur (l'homme) et le Spectateur (Dieu encore, mais aussi les autres hommes). Toutefois, seul l'Auteur (Dieu) connaît le sens véritable de la pièce (de la vie) et la vérité sur les Acteurs (les hommes). Acteurs et Spectateurs sont aveugles sur leur rôle et sur celui des autres : ils ne voient pas ce qui est essentiel ; ils se trompent sur soi et sur autrui ; ils ignorent quel est le sens de la vie. Ce thème philosophique est fort ancien, puisqu'il remonte à l'Antiquité. Mais il connaissait depuis le XVIIe siècle un regain d'intérêt[1].

L'adaptation du thème : le théâtre, spectacle de la vie humaine

Corneille donne une version profane de ce thème. Dans *L'Illusion comique*, l'Auteur est le magicien Alcandre. Clindor symbolise l'Acteur, c'est-à-dire l'homme qui ne se comprend pas lui-même et que l'Auteur va progressivement conduire jusqu'à sa maturité, jusqu'à son équilibre.

Suivons en effet Clindor pas à pas. Symboliquement, il naît le jour où il s'enfuit de chez son père, où il choisit de s'assumer désormais seul. Les expédients auxquels il se livre pour subsister sont le signe de ses errances et de ses erreurs : Clindor ne sait ni que faire ni où aller. Au fil des actes II, III et IV, il découvre l'amour en s'éprenant d'Isabelle, il fait l'essai de sa séduction et de son charme sur Lyse, il tue Adraste. Clindor connaît quelques-unes des mésaventures humaines.

---

1. Ce thème est européen. Le dramaturge espagnol Calderon (1600-1681) écrit, par exemple, vers 1645 *Le Grand Théâtre du monde* (pièce en un acte).

Il lui reste à faire l'expérience la plus grave : celle de la mort. Dans sa prison, à la veille de son exécution, il réfléchit sur sa vie passée, et il se voit même mourir :

> Je sors les fers aux pieds ; j'entends déjà le bruit
> De l'amas insolent d'un peuple qui me suit ;
> Je vois le lieu fatal où ma mort se prépare :
> Là mon esprit se trouble, et ma raison s'égare ;
> Je ne découvre rien qui m'ose secourir,
> Et la peur de la mort me fait déjà mourir. (v. 1271-1276).

Clindor a parcouru toutes les étapes de l'existence. La confrontation personnelle avec la mort le révèle à lui-même. Au dernier moment, il découvre que l'essentiel est l'amour qu'il porte à Isabelle :

> Isabelle, toi seule, en réveillant ma flamme,
> Dissipes ces terreurs, et rassures mon âme. (v. 1277-1278).

Clindor a pris conscience de ce qui comptait le plus pour lui.

Or, que montre l'acte V de *L'Illusion comique* ? que le théâtre permet d'accéder à la même connaissance de soi. Pridamant représente le Spectateur. C'est un homme aussi ignorant du « théâtre du monde » que l'Acteur (Clindor). Mais tandis que l'Acteur (Clindor) est parvenu à sa vérité par l'expérience de la mort, Pridamant-le Spectateur y parvient, lui, par l'Illusion (théâtrale) dont il a été victime. Il a cru son fils mort. Et son chagrin lui fait oublier ses préjugés ; il lui fait comprendre que seul compte le bonheur de son fils. Pridamant en est tout changé. Grâce au théâtre, il redécouvre le bonheur :

> J'ai cru la comédie[1] au point où je l'ai vue ;
> J'en ignorais l'éclat, l'utilité, l'appas,
> Et la blâmais ainsi, ne la connaissant pas. (v. 1674-1676).

Est-il meilleure plaidoirie en faveur du théâtre ?

L'Illusion comique laisse ainsi entendre que le théâtre n'est pas un simple divertissement : c'est l'école de la vie. Les spectateurs s'y découvrent eux-mêmes ; en regardant des personnages (qui sont des êtres imaginaires) évoluer dans un univers fictif, forgé par le dramaturge, ils apprendront à

---

1. La « comédie » : le théâtre, c'est-à-dire que Pridamant a cru voir la (fausse) mort de son fils.

se connaître et à réfléchir sur leur propre vie. Corneille soutient que le théâtre a certes pour but de plaire, de divertir, mais aussi d'instruire, de susciter la méditation. Vingt ans plus tard, Molière ne dira pas autre chose ; Racine le proclamera également. Mais Corneille est l'un des tout premiers à le montrer, et très tôt dans le siècle.

7 Une pièce baroque

On identifie souvent le XVIIe siècle au classicisme. C'est à la fois justifié et inexact.

Le classicisme s'est effectivement épanoui au XVIIe siècle. Privilégiant la raison, aimant la régularité et l'ordre, préférant la sobriété aux excès, cherchant l'universel dans le particulier, il a été la plus haute expression du siècle. Classiques sont des écrivains comme Pascal, Molière, Racine, La Fontaine, Mme de Sévigné ou Mme de La Fayette.

Mais le courant classique n'a été qu'un moment, même s'il fut exceptionnel, du XVIIe siècle. Il s'impose progressivement après 1640 pour triompher entre 1661 et 1685. Avant 1640, un autre courant domine : celui du baroque. Après 1685, l'évolution du goût et de la sensibilité annonce déjà le XVIIIe siècle.

Pas plus qu'aucune autre époque, le XVIIe siècle ne fut donc un siècle homogène. Il fut traversé par plusieurs tendances esthétiques et éthiques[1] qui se sont tantôt succédé, tantôt enchevêtré. Et des hommes comme Corneille, dont la production théâtrale s'étend sur une grande partie du siècle (de 1630 à 1674), ont capté et exprimé ces diverses tendances. Si sa tragédie de *Cinna* (1640) est classique, *L'Illusion comique* (1635-1636) est, quant à elle, baroque. Aussi, avant d'examiner en quoi elle l'est, s'avère-t-il indispensable de définir le baroque.

---

1. L'esthétique qualifie ce qui a trait à la beauté. Une esthétique littéraire définit donc l'idéal artistique que prétend atteindre une œuvre. L'éthique concerne les valeurs morales ; elle précise ce qui est bien et ce qui est mal ; elle véhicule en conséquence une certaine vision du monde.

QU'EST-CE QUE LE BAROQUE ?

L'origine et l'emploi du mot

Le mot *baroque* est d'origine italienne ; et il est emprunté au vocabulaire de la bijouterie, où « baroco » désigne une perle de forme irrégulière. Par extension de sens, baroque a fini par qualifier tout ce qui est excentrique, extravagant, bizarre. Son emploi ne se limite pas à la littérature, ni à la France seule. Le baroque fut un mouvement européen, qui influencera tous les arts. Dans l'histoire des lettres françaises, il domine surtout la période qui va de 1580 à 1640.

Définition et caractéristiques du baroque

Avant d'être une forme d'expression, le baroque correspond à une certaine vision du monde. C'est une position morale et philosophique. Selon cette vision, rien n'est stable et tout est mobile. Les valeurs sont éphémères. Contrairement à l'idéal classique qui croira en l'existence d'une nature humaine éternelle et universelle, le baroque rejette la notion de permanence. L'homme n'est que changement et mouvement.

L'accent est mis en conséquence sur le paraître au détriment de l'être, sur les apparences aux dépens de ce qui est intérieur. Le décor devient dès lors essentiel. Ce peut être une décoration picturale, un ornement architectural ou vestimentaire, mais aussi un déguisement, une manière de se comporter et de s'offrir au regard d'autrui. Il cesse d'être une mise en valeur (d'un lieu, d'une salle, de soi) pour devenir la valeur suprême. Seul compte le décor. Tout part de lui et tout s'arrête à lui.

C'est pourquoi, sur le plan artistique, le baroque privilégie ce qui suggère le foisonnement des formes, la richesse de la décoration, la mobilité des tracés géométriques. En architecture et en sculpture, on multipliera les courbes et les spirales ; en peinture, ce seront des arabesques complexes et multicolores ; et en littérature, ce sera un choix particulier de thèmes, d'effets de langage et d'organisation de l'œuvre.

EN QUOI « L'ILLUSION COMIQUE » EST-ELLE UNE PIÈCE BAROQUE ?

L'Illusion comique est baroque par la prédominance des apparences et par une recherche incessante de la variété et du changement.

La prédominance des apparences

La pièce de Corneille est tout entière bâtie sur la notion d'apparence. Qu'est-ce en effet qu'une illusion ? Rien d'autre que l'apparence par excellence, puisqu'elle est si forte qu'elle induit en erreur et qu'on la prend pour véritable. Matamore n'est qu'une apparence de héros ; et le déguisement dont on a constaté l'omniprésence (voir p. 43-44) est dans son principe même une apparence. Le métier de comédien qu'exercent à l'acte V Clindor et Isabelle, est également fondé sur le paraître. Clindor joue Théagène, mais il n'est pas réellement Théagène ; Isabelle incarne Hippolyte, sans l'être authentiquement. Le propre de l'acteur est de susciter l'illusion, donc des apparences.

La magicien Alcandre n'agit pas autrement envers Pridamant. Les « spectres » qu'il anime dans les actes II à IV sont des fantômes, c'est-à-dire des apparences. Ses pouvoirs extraordinaires lui permettent de faire croire au malheureux père que ce qui est faux est vrai. Le procédé du théâtre dans le théâtre (voir p. 22-23) relève, de la même façon, du maniement des apparences. À l'exception du premier acte qui expose et met en place les éléments de l'action et à l'exception de la dernière scène qui livre à Pridamant (et au spectateur) la clé de l'énigme, *L'Illusion comique* n'est ainsi qu'apparence : tant dans le caractère que dans le comportement des personnages, tant dans son thème principal que dans sa structure (voir p. 20-27).

Une recherche incessante de la variété et du changement

Tout est par ailleurs en mouvement dans *L'Illusion comique*. Qu'il s'agisse de l'action de la pièce, de la peinture du sentiment amoureux ou des tons de l'œuvre, rien n'est fixe, unique, homogène ou linéaire.

• L'action

Elle paraît simple et évidente de prime abord : un père retrouve enfin son fils qu'il recherchait depuis longtemps. La preuve toutefois que la quête de Pridamant constitue plus le prétexte de l'action que l'action elle-même réside dans l'incapacité où se trouve le spectateur de désigner le personnage principal de la pièce. Au premier acte, Alcandre tient d'abord la vedette, mais il se met par la suite en retrait pour ne plus effectuer que des apparitions intermittentes. Au deuxième acte, c'est Matamore qui devient le personnage le plus important ; au troisième acte, c'est Clindor et au quatrième, Lyse. Le cinquième acte replace au premier plan Clindor, mais sous les traits de Théagène dont il interprète le rôle. Il n'y a pas dans *L'Illusion comique* de personnage qui soit essentiel d'un bout à l'autre de la pièce. Chaque acte en met un en valeur, comme sous l'effet d'un brassage ou d'un tourniquet.

• La peinture du sentiment amoureux

L'inconstance est la traduction sur le plan sentimental du thème du changement. Elle est toujours passagère, elle est parfois simulée, mais elle est omniprésente. L'inconstance apparaît une première fois quand Clindor, un moment oublieux d'Isabelle, laisse entendre à Lyse qu'il l'épouserait volontiers si elle était plus riche (acte III, scène 5). Elle revient une deuxième fois, sous une forme certes imaginaire, lorsque, pour obéir à Matamore qui se croit aimé d'Isabelle, la jeune fille le quitte pour Clindor (acte III, scène 10). L'inconstance se transforme enfin en infidélité dans le fragment de la tragédie inséré dans l'acte V. Théagène (interprété par Clindor) espère nouer une liaison avec la princesse Rosine, bien qu'il soit marié à Hippolyte (jouée par Isabelle). Hippolyte, qui s'en est aperçue, s'indigne. Clarine, sa suivante (incarnée par Lyse), tente de l'apaiser et elle entreprend même un étonnant éloge de l'infidélité masculine :

> L'honneur d'un galant homme est d'avoir des maîtresses.
> (v. 1366).

Démasqué, Théagène minimise son écart de conduite et s'étonne de l'importance qu'une femme accorde aux liaisons de son mari :

S'il fait la moindre brèche à la foi conjugale,
Il n'est point à leur gré[1] de crime qui l'égale ;
C'est vol, c'est perfidie, assassinat, poison. (v. 1433-1435).

Aucun de ces trois cas d'inconstance n'a de graves et durables conséquences. Isabelle pardonnera à Clindor comme Hippolyte regagnera le cœur de Théagène. Il n'en demeure pas moins que le thème baroque du changement, de la mobilité affective parcourt la pièce.

Il la traverse d'une manière plus fondamentale encore par une série de métamorphoses[2] qui touchent presque tous les personnages. Pridamant, d'abord désespéré et hostile au théâtre, se précipite à la fin à Paris pour retrouver et applaudir son fils. Clindor, après être allé de métier en métier, réalise sa vocation en devenant comédien. C'est aussi Lyse qui commence par mettre en péril la vie de Clindor par amour avant de le sauver et d'oublier l'amour qu'elle portait. À l'exception d'Alcandre et d'Isabelle, tous changent.

• Les tons de l'œuvre

Sur le plan de l'écriture enfin, le baroque de *L'Illusion comique* se manifeste dans le mélange des tons (que plus tard le classicisme condamnera vigoureusement). Les scènes où apparaît Matamore sont hautement comiques : ses propos sont en effet tellement exagérés qu'ils ne peuvent qu'engendrer le rire. En voici un exemple (d'autres seront donnés dans le chapitre consacré à la langue et au style, p. 67) : quand Géronte le somme de ne plus courtiser sa fille Isabelle, Matamore le prend de haut, de si haut que son ridicule éclate ; il lui réplique en effet :

Pauvre homme, sais-tu bien que mon nom effroyable
Met le Grand Turc en fuite, et fait trembler le diable ;
Que pour t'anéantir je ne veux qu'un moment ? (v. 725-727).

Le comique est d'autant plus fort que le spectateur sait depuis longtemps que Matamore est un lâche. Sa vantardise ne peut donc tromper personne.

En revanche, les scènes où Pridamant donne libre cours

---

1. « Leur gré » : selon l'opinion des femmes mariées.
2. Au sens strict, une métamorphose est le changement d'une forme en une autre (par exemple : un être humain qui se changerait en animal). Par extension, la métamorphose désigne un changement complet dans l'état ou le caractère d'une personne.

à ses inquiétudes n'ont rien de réjouissant. Le pathétique[1] l'emporte alors. C'est le cas dans le monologue de Clindor attendant la mort dans sa prison (acte IV, scène 7), ou dans celui d'Isabelle, complètement désespérée à l'idée de perdre l'homme qu'elle aime (acte IV, scène 1). Quant aux remords de Lyse, qui regrette d'avoir aidé Adraste à faire tomber Clindor dans un guet-apens (acte IV, scène 3), ils émeuvent par leur sincérité. À l'acte V, la comédie qu'est *L'Illusion comique* renferme enfin trois scènes de tragédie[2].

Comme l'écrit Corneille dans la dédicace de sa pièce, « le premier acte n'est qu'un prologue, les trois suivants font une comédie imparfaite[3], le dernier est une tragédie ; et tout cela, cousu ensemble, fait une comédie ». On ne peut mieux illustrer la variété des tons que *L'Illusion comique* orchestre.

LE CHEF-D'ŒUVRE DU THÉÂTRE BAROQUE

L'Illusion comique n'est pas seulement une pièce baroque : elle est la plus baroque de tout le théâtre de Corneille, et elle est la plus représentative du théâtre baroque français en général.

Aucune autre œuvre de Corneille et aucune œuvre d'un autre dramaturge de l'époque n'a mieux utilisé ce courant esthétique. Si le jeu des apparences n'était pas nouveau, jamais avant *L'Illusion comique* on n'en avait fait l'essence et la chair même d'une pièce. On ne peut en effet supprimer le procédé du théâtre dans le théâtre et le thème du déguisement (qui n'en est qu'une variante) sans détruire toute la pièce. On ne peut davantage retrancher les scènes d'inconstance sans la mutiler profondément. On ne peut pas non plus modifier sa structure sans lui enlever une grande part de sa signification et de son intérêt.

---

1. Le pathétique est ce qui suscite une vive et pénible émotion.
2. Ces scènes correspondent aux scènes 2, 3 et 4 de l'acte V.
3. « Imparfaite » : inachevée. *L'Illusion comique* ne met en effet en scène que des épisodes arbitrairement choisis de la jeunesse de Clindor. Le spectateur ne sait pas, par exemple, ce qui s'est passé entre le moment où Clindor et Isabelle quittent Matamore et leur heure de triomphe au théâtre (voir ci-dessus le résumé, p. 17).

Le baroque de *L'Illusion comique* n'est donc pas une simple coloration superficielle, ni une concession à la mode : il est inhérent à la pièce. *L'Illusion comique* est en définitive moins une pièce baroque, que du baroque fait, devenu théâtre.

En présentant sa comédie, Corneille n'avait pas tort de dire que c'était « un étrange monstre ». Un « monstre », c'est, selon la mythologie gréco-romaine, un être qui réunit en lui des éléments qui ordinairement existent dans la nature séparément ; c'est, par exemple, le Minotaure (évoqué dans la *Phèdre* de Racine) avec son corps d'homme et sa tête de taureau. Sur le plan artistique, un « monstre » exprime le refus des classifications, des catégories, le désir de cultiver l'imaginaire jusqu'à l'invraisemblance : autant de caractéristiques baroques qui se retrouvent dans *L'Illusion comique*.

8 La dramaturgie

Le mot « dramaturgie » (comme l'adjectif qualificatif « dramaturgique » qui en est dérivé) appartient au vocabulaire technique du théâtre. On désigne sous ce terme la manière dont une pièce est construite, qu'il s'agisse d'une comédie ou d'une tragédie. Chaque pièce possède donc sa propre dramaturgie.

Celle-ci varie en fonction de la personnalité et des intentions de l'auteur, mais aussi de l'époque à laquelle il a vécu. Les conceptions dramaturgiques du XXe siècle, moins strictes que par le passé, n'offrent par exemple que peu de rapport avec celles des XVIIe ou XVIIIe siècles. Il arrive même qu'à l'intérieur d'un même siècle ces conceptions évoluent, parfois radicalement.

Tel est le cas à propos de *L'Illusion comique*. La dramaturgie en vogue avant 1640 ne ressemble en rien à celle qui triomphe après 1660. La pièce relève en effet du courant baroque, non du courant classique (voir p. 54). Il serait donc absurde de l'analyser d'après les critères de la doctrine classique. Le baroque avait en revanche élaboré son propre système ; et c'est à sa lumière qu'il convient tout naturellement d'examiner *L'Illusion comique*. L'étude de la dramaturgie baroque s'avère ainsi un préalable à l'examen des lieux, du temps, de l'action et de la vraisemblance de l'œuvre.

LA DRAMATURGIE BAROQUE

La dramaturgie baroque repose sur un principe simple : le spectateur attend avant tout d'une représentation théâtrale d'être ébloui, maintenu en haleine, de passer du rire à l'inquiétude ou à l'angoisse, d'assister à quelque chose de spectaculaire, qui brille et qui fasse impression.

La dramaturgie baroque se situe de ce fait à l'opposé de ce qui sera plus tard la dramaturgie classique. Cette dernière exigera en effet qu'une pièce soit une *imitation* de la vie : il faudra en conséquence persuader le spectateur qu'il assiste à une action véritable et authentique ; rien ne devra lui faire remarquer qu'il est au théâtre. Le baroque estime au contraire qu'il importe peu que le spectateur s'en rende compte. L'essentiel est de le divertir, par tous les moyens. Autrement dit, le baroque privilégie la satisfaction des sens (par le rire, les pleurs, l'éblouissement, l'émerveillement), alors que le classicisme fera surtout appel à la logique (du comportement et des caractères), à la rigueur de la composition, en un mot à la raison.

DES LIEUX DIVERS

Théorie du mouvement et de la variété (voir p. 54-59), le baroque aime à multiplier les lieux, pour permettre à l'action de s'étendre et de rebondir plus aisément, de répondre à l'exigence de diversité censée plaire au spectateur.

Certes, dans l'*Examen* de 1660[1], Corneille prétendra que le lieu de *L'Illusion comique* est unique : l'intrigue se déroule effectivement dans la grotte du magicien Alcandre. Mais Corneille fait cette remarque en 1660, quand la doctrine classique l'a définitivement emporté et que l'unité de lieu est devenue une stricte obligation.

En réalité, la grotte d'Alcandre ne constitue qu'une apparence d'unité de lieu, qui masque une grande diversité géographique. On dénombre en effet six lieux, qui se répartissent de la manière suivante :
– la grotte d'Alcandre : tout l'acte I ; les scènes 1 et 9 de l'acte II ; la scène 12 de l'acte III ; la scène 10 de l'acte IV ; les scènes 1 et 5 de l'acte V ;
– une place publique de Bordeaux (v. 192) : les scènes 2 à 8 de l'acte II ; les scènes 4 à 10 de l'acte III ;

1. En 1660, Corneille fait rééditer la totalité des pièces qu'il a jusqu'alors écrites et fait jouer. Il fait précéder chacune d'elles d'un « Examen », c'est-à-dire d'une introduction dans laquelle il donne son propre jugement et où il « examine » sa technique dramatique.

– la maison ou les abords de la maison de Géronte : les scènes 1 à 3 de l'acte III[1] ; la scène 11 de l'acte III ; les scènes 1 à 5 de l'acte IV ;
– une prison : les scènes 6 à 9 de l'acte IV ;
– le parc d'un château : les scènes 2 à 4 de l'acte V (pour le fragment de la tragédie jouée par Clindor et Isabelle) ;
– les coulisses d'un théâtre parisien pour la dernière partie de la scène 5 de l'acte V.

Faisons une comparaison avec le cinéma. La grotte d'Alcandre est la salle de cinéma, et, à ce titre, elle forme un lieu unique, mais sur l'écran (c'est-à-dire sur la scène), les lieux se succèdent les uns aux autres. Ce qui domine, c'est donc bien la diversité.

LE TEMPS : DEUX SORTES DE DURÉE

Tout spectacle théâtral (et cinématographique) se déroule sur deux temps : la durée objective du spectacle (trois heures et demie environ pour une pièce en cinq actes) et la durée supposée de l'action.

La coïncidence entre les deux durées est totale en ce qui concerne la conversation entre Alcandre, Pridamant et accessoirement Dorante, c'est-à-dire dans l'acte I en entier, dans II, 1 et 9, dans III, 12, dans IV, 10 et dans V, 1 et 5. L'action (la durée fictive) ne demande pas plus de temps qu'il n'en faut aux acteurs pour jouer ces scènes de *L'Illusion comique* (durée objective).

Mais pour ce qui est de la suite, l'écart temporel grandit démesurément. Entre les troisième et quatrième actes, il se passe quatre jours (v. 1071) pendant lesquels Clindor a été jugé et condamné à mort. Le cinquième acte se produit quant à lui longtemps après le quatrième. S'agit-il d'un, deux ans, ou davantage ? Il faut en tout cas le temps que Clindor, Isabelle et Lyse quittent Bordeaux pour Paris, s'installent dans la capitale, deviennent des comédiens et connaissent le succès.

---

1. De la maison de Géronte, il est question aux vers 747 à 755. Par ailleurs, Matamore voit la porte de cette maison s'ouvrir (v. 761).

Comme pour l'étude du lieu, il y a donc deux façons d'envisager le temps dans *L'Illusion comique*. D'un côté, on peut considérer que les épisodes évoqués de la vie des jeunes gens s'enchaînent rapidement les uns aux autres, grâce à la magie d'Alcandre. Comme dans un film, la durée globale de cette évocation n'excède pas quelques heures. Mais, d'un autre côté, on peut tout aussi légitimement estimer que ces épisodes ne sont que des moments (arbitrairement choisis par Alcandre) de l'existence de Clindor et d'Isabelle. Force est alors de constater qu'un laps de temps, parfois fort long, les sépare.

UNE ACTION MULTIPLE

L'action est tout aussi délicate à déterminer. Quel est en effet le vrai sujet de la pièce ? La quête désespérée de Pridamant ? La magie d'Alcandre ? Le délire de Matamore ? Les amours de Clindor et d'Isabelle ? La vengeance de Lyse ? Le théâtre lui-même ? Chacun de ces thèmes constitue tour à tour, et parfois ensemble, l'action de *L'Illusion comique*. Celle-ci est donc multiple.

Elle est aussi incomplète de l'aveu même de Corneille, « puisqu'on ne sait pas à la fin du quatrième acte, dit-il, ce que deviennent les principaux personnages[1] ». Géronte et Matamore disparaissent sans qu'on sache quel sera leur avenir. Quant à Clindor, Isabelle et Lyse, l'acte V dit bien qu'ils sont devenus des comédiens. Mais le spectateur ignorera toujours de quelle façon ils le sont devenus.

L'ABSENCE DE VRAISEMBLANCE

De même que *L'Illusion comique* ne se soucie guère de présenter une action continue et complète, de même elle se préoccupe peu de vraisemblance. La pièce repose en effet tout entière sur les pouvoirs magiques d'Alcandre. Sans eux, Pridamant ne saurait rien du passé et du présent de son fils.

---

1. Dans *l'Examen* de 1660 (voir p. 62, note 1).

Aucun spectateur du XVIIe siècle ne pouvait évidemment croire en la capacité d'Alcandre de ressuciter le passé et de dévoiler l'avenir. La magie n'est ici qu'un artifice qui permet à la fiction, à l'imaginaire de se déployer sans contrainte. Elle satisfait non pas la raison, mais l'émerveillement, le sens du spectaculaire (un peu comme aujourd'hui dans les films de science-fiction où des recherches menées dans de supposés laboratoires autorisent des prouesses techniques encore impossibles).

9 Langage et poésie

L'Illusion comique tire son intérêt de son sujet, mais aussi de la richesse de son écriture. Plus que jamais le fond est inséparable de la forme. Aux multiples péripéties de l'action correspondent des effets stylistiques variés. La fantaisie verbale alterne ainsi avec la poésie pour créer une véritable symphonie de tons.

LA FANTAISIE VERBALE

La fantaisie verbale consiste à jongler avec les mots. Elle est exclusivement le fait de Matamore ; mais comme celui-ci est présent dans trois actes sur cinq, elle est une caractéristique essentielle de la pièce. Pour donner une apparence de réalité à ses rêves de grandeur et de gloire, Matamore ne dispose que du pouvoir de la parole. Plus il se vante, plus il se croit un héros. Aussi multiplie-t-il les énumérations. Menace-t-il d'incendier la maison de Géronte ? Voici tous les éléments de la demeure qui, dans son imagination débordante, se mettent à brûler l'un après l'autre :

> Plomb, fer, plâtre, ciment, peinture, marbre, verres,
> Caves, puits, cours, perrons, salles, chambres, greniers,
> Offices, cabinets, terrasses, escaliers.
>
> (v. 754-756).

L'effet d'accumulation est évident.

Matamore est un bavard impénitent qui étourdit et qui s'étourdit de ses paroles. Quand il raconte ses (supposés) exploits guerriers, ce sont les rois de presque toutes les parties du monde qu'il nomme (v. 325-332). Lorsqu'il évoque ses succès sentimentaux, ce sont toutes les reines de l'univers qu'il présente comme soupirant à ses pieds (v. 261-271). L'accumulation[1] engendre l'exagération, qui fait sourire le spectateur.

LA POÉSIE

La tonalité poétique n'est pourtant pas absente. Elle joue sur trois registres : le merveilleux, le lyrisme et l'héroïque.

La poésie du merveilleux

La magie d'Alcandre teinte l'œuvre d'une atmosphère irréelle. Un monde étrange et occulte s'ouvre à l'imagination du spectateur. Le retour de mots clés, appartenant au vocabulaire de la magie, en impose progressivement l'idée. « Charme » retrouve par exemple son sens originel latin (*carmen*) de « puissance magique à laquelle, avec l'aide des démons, les sorciers font des choses merveilleuses, au-dessus des forces ou contre l'ordre de la nature »[2]. C'est en ce sens qu'Alcandre parle à plusieurs reprises de ses « charmes »[3].

Ce merveilleux suscite tantôt l'inquiétude, tantôt l'émerveillement. D'un côté, la capacité de modifier les lois physiques crée l'inquiétude. Dorante détaille les « miracles » (v. 56) qu'Alcandre pourrait effectuer, s'il le voulait. Si besoin était, celui-ci commanderait au « tonnerre », ferait « enfler les mers », « trembler la terre » (v. 49-50) et « briller dans la nuit l'éclat de deux soleils » (v. 55). Mais, d'un autre côté, la magie provoque l'émerveillement. Grâce à sa « baguette », Alcandre dévoile aux yeux étonnés de Pridamant une garde-robe qui a plus de « splendeur » que celle d'un prince. *L'Illusion comique* est ainsi tout entière baignée de féerie.

---

1. Le chapelet d'injures que Matamore adresse à Géronte est un autre exemple d'accumulation (v. 739-740).
2. Furetière, *Dictionnaire* (1690).
3. Voir les vers 121, 211, 214, 986, 1615.

La poésie lyrique

Le lyrisme est l'expression de sentiments passionnés et personnels. Il apparaît principalement dans la pièce sous sa forme élégiaque, c'est-à-dire plaintive. Le désespoir d'Isabelle devant l'exécution prochaine de Clindor en est le plus bel exemple. Se plaignant du sort qui s'acharne sur son amant, elle s'écrie :

> Hélas ! que d'ennemis, et de quelle puissance,
> Contre le faible appui que donne l'innocence,
> Contre un pauvre inconnu, de qui tout le forfait
> Est de m'avoir aimée, et d'être trop parfait !
>
> (v. 997-1000).

L'interjection de plainte « Hélas ! » et la phrase exclamative qui suit traduisent le cri blessé du cœur. Le thème de l'innocence persécutée suscite la pitié, tandis que le dernier vers marque la nostalgie d'un bonheur perdu.

La poésie héroïque

Bien que l'héroïsme de Matamore soit purement imaginaire, celui-ci n'en prononce pas moins des paroles qui frappent par la noblesse de leur expression. Un rêve de grandeur les anime et, par moments, ce rêve laisse entrevoir des images de gloire et de fureur mêlées.

> Tu crois donc que ce bras ne soit pas assez fort ?
> Le seul bruit de mon nom renverse les murailles,
> Défait les escadrons, et gagne les batailles.
>
> (v. 232-234),

dit par exemple Matamore à Clindor.

UNE SYMPHONIE DE TONS

Conformément à l'esthétique baroque (voir p. 54), *L'Illusion comique* recèle enfin une grande variété de tons qui va du comique au tragique en passant par le pathétique.

Le comique

Le ressort qui engendre le rire ou le sourire est toujours le même. Il réside dans le décalage existant entre les propos et les actes de Matamore. Chaque fois que ce fanfaron célèbre ses exploits, un événement survient pour démentir son courage. Sa fuite devant les valets de Géronte est ainsi d'autant plus ridicule qu'il vient d'affirmer hautement :

> Je suis craint à l'égal sur la terre et sur l'onde. (v. 970).

Le comique provient également de la justification que Matamore donne à sa lâcheté. Il trouve toujours une bonne excuse pour la nier et pour l'habiller d'un motif plus noble. S'il refuse, par exemple, d'affronter Adraste, c'est que dans sa colère il risquerait de tuer et Adraste et Isabelle (v. 344) ! Cette ingéniosité dont il témoigne pour masquer sa faiblesse devient réjouissante.

Le pathétique

Le pathétique est l'expression d'une émotion intense et pénible. Il transparaît surtout dans les monologues[1]. Isabelle accusant son père d'être à l'origine de ses malheurs (puisque Géronte s'oppose à son mariage avec Clindor) s'imagine déjà morte et hantant les nuits de Géronte pour lui faire payer son attitude :

> Mon ombre chaque jour viendra t'épouvanter,
> S'attacher à tes pas dans l'horreur des ténèbres,
> Présenter à tes yeux mille images funèbres,
> Jeter dans ton esprit un éternel effroi.
> (v. 1016-1019).

Ce véritable tableau funèbre et vengeur qui s'impose à l'esprit tant d'Isabelle que du spectateur prouve la détresse de la jeune fille. Il en va de même quand Clindor, dans sa prison, songe à la manière dont il doit (en principe) être exécuté[2].

---

1. Monologues d'Isabelle (IV, 1), de Clindor (IV, 7) et de Lyse (IV, 3).
2. Voir notamment les vers 1267-1276.

Le tragique

Le tragique diffère du pathétique en ce sens qu'il suscite la pitié et qu'il évoque une notion de fatalité. Cette fatalité peut revêtir différents aspects : une vengeance divine, une passion aveugle dans le cas de la tragédie ou d'un malheureux enchaînement de circonstances, comme ici dans *L'Illusion comique*. Tout semble en effet accabler injustement Clindor. Attaqué par Adraste, il ne fait que se défendre. Mais, en se défendant, il le blesse. Adraste meurt quelques heures après. Clindor mérite-t-il vraiment d'être condamné à mort ? Bien qu'elle soit une comédie, *L'Illusion comique* tend à ce moment-là vers le tragique.

10 Interprétations et mises en scène

L'Illusion comique connut un succès durable au XVIIe siècle. En 1660, dans l'édition collective de ses œuvres, Corneille se réjouit qu'elle ait « surmonté l'injure des temps » et qu'elle « paraisse encore sur [les] théâtres », bien qu'elle ait été créée près de « vingt-cinq ans auparavant ».

Ce succès est d'autant plus remarquable qu'à cette date le classicisme l'a définitivement emporté sur le baroque ; et qu'en conséquence la plupart des pièces antérieures à 1640 ne furent jamais reprises durant la seconde moitié du siècle. *L'Illusion comique* constitue donc une heureuse exception. Son étrangeté, son atmosphère magique et irréelle continuèrent de séduire le public malgré la complexité de sa structure et en dépit du triomphe de la rationalité et de la simplicité classiques.

Dans les dernières années du XVIIe siècle et pendant tout le XVIIIe siècle, la pièce tomba toutefois dans l'oubli. Ce qui avait plu choqua : on la trouva vraiment trop invraisemblable. Le XIXe siècle redécouvrit *L'Illusion comique* ; et le XXe siècle la réhabilita définitivement en la considérant comme une des œuvres majeures de Corneille. À l'une et à l'autre époques, ce ne fut pas toujours sans quelque contestation ni maladresse.

AU XIXe SIÈCLE : DE LA MUTILATION À L'HYPERRÉALISME

Pour célébrer le deux cent cinquantième anniversaire de la naissance du dramaturge (le 6 juin 1606), la Comédie-Française monta *L'Illusion comique* le 6 juin 1856. Mais la version présentée fut des plus bizarres : l'acte IV avait été purement et simplement supprimé ; et les scènes de la tragédie insérée dans l'acte V avaient été remplacées par trois scènes empruntées à *Don Sanche d'Aragon* (une « comédie héroïque »[1] de Corneille datant de la saison théâtrale de 1649-1650). *L'Illusion comique* se réduisait ainsi aux aventures sentimentales et réjouissantes de Matamore, d'Isabelle et de Clindor, puisque l'emprisonnement et la condamnation à mort du jeune homme étaient escamotés. Le mélange avec quelques scènes de *Don Sanche d'Aragon* permettait un dénouement heureux et spectaculaire. Dans cette « comédie héroïque », en effet, une princesse espagnole décide d'épouser un guerrier valeureux mais de modeste condition, quand, par un coup de théâtre ultime, elle apprend que ce guerrier est en réalité le fils d'un prince qui avait été enlevé peu après sa naissance. L'adaptation à *L'Illusion comique* était simple : Clindor se révélait être plus riche qu'il ne le pensait, et Géronte finissait par l'accepter pour gendre.

Non seulement la pièce était mutilée, modifiée, mais elle perdait une bonne partie de sa signification et de son intérêt : les jeux de miroirs disparaissaient, l'apologie du théâtre n'avait plus sa raison d'être, le thème majeur de l'illusion s'en trouvait diminué. La pièce plut pourtant par sa somptueuse et féerique mise en scène. Tout en déplorant qu'elle fût ainsi remaniée, l'écrivain Théophile Gautier l'admira : « Le rideau de nuages s'ouvre et laisse d'abord voir, dans un cabinet de riche architecture, la splendide garde-robe de Clindor [...] ; puis il se referme et bientôt découvre une place publique de ville méridionale, étincelante au soleil [...], un lieu merveilleusement propre aux aventures de la comédie de cape et d'épée. »[2] C'est dans cette version que la Comédie-Française joua encore *L'Illusion comique* en 1862, 1869 et 1906.

Celle-ci ne fut représentée sous sa forme originelle et complète qu'en 1895 par Antoine (1858-1943), directeur du

---

1. Dans son désir de toujours se renouveler, Corneille inventa le genre de la « comédie héroïque ». Les personnages sont d'illustre naissance comme dans une tragédie, mais la pièce se termine bien comme dans une comédie.
2. Théophile Gautier, *Le Moniteur universel*, 10 juin 1861.

théâtre de l'Odéon. Mais cet ami de Zola, partisan du réalisme le plus absolu, la fit jouer dans une mise en scène qui enlevait à *L'Illusion comique* son atmosphère étrange. On était bien, à l'acte I, dans la grotte d'un magicien et, à l'acte V, dans l'univers du théâtre ; on y était trop précisément ; les interférences subtiles entre le réel et l'imaginaire n'existaient plus : l'illusion était détruite. À sa façon, Antoine commettait la même erreur que la Comédie-Française : il faisait oublier que l'intérêt profond de l'œuvre réside dans le jeu des apparences. Mais, au moins, était-elle jouée dans sa version intégrale.

AU XXe SIÈCLE : L'ILLUSION ENFIN RETROUVÉE

En 1937, la Comédie-Française décida de mettre à l'affiche *L'Illusion comique*. Le talent de Louis Jouvet, la féerie des décors contribuèrent à son succès. Toutefois, la mise en scène du cinquième acte fut contestée. On y voyait Alcandre et Pridamant installés dans les loges d'un petit théâtre (représenté sur scène) ; les acteurs jouaient délibérément le fragment de la tragédie sur un ton parodique[1] ; et Clindor se faisait applaudir par son père. Pridamant (et les spectateurs) savait d'emblée à quoi s'en tenir : il assistait à un spectacle. C'était rendre impossible et invraisemblable la méprise de Pridamant et du public qui doivent croire (jusqu'à ce qu'Alcandre les détrompe) qu'il s'agit du sort véritable de Clindor et d'Isabelle, et non pas d'une pièce qu'ils interprètent en tant que comédiens.

La seconde guerre mondiale et l'après-guerre virent de nouveau la pièce disparaître du répertoire. *L'Illusion comique*, en revanche, n'a plus guère quitté l'affiche depuis 1965. Cette année-là, Georges Wilson la fit jouer dans le cadre du Festival d'Avignon et à Paris en 1970, en lui rendant tout son pouvoir d'illusion. Depuis, elle n'a cessé d'être jouée : en avril

1. La parodie est une imitation qui ne cache pas qu'elle est une imitation.

1970, dans une adaptation pour la télévision notamment ; et surtout en 1984, à l'Odéon, dans une mise en scène de Giorgo Strehler. Celui-ci restituait à *L'Illusion comique* toute sa dimension et toute sa signification : il y mettait au premier plan le rôle d'Alcandre à la fois magicien, dramaturge et démiurge[1]. C'est sans doute cette force des apparences capables de manipuler un esprit qui confère à la pièce de Corneille son regain d'actualité et, peut-être, sa modernité.

1. Un démiurge est un être qui possède les pouvoirs divins de créer, sans être lui-même un Dieu. Par sa magie, Alcandre fait ce qu'il veut ; en ce sens, il est un démiurge.

ÉLÉMENTS DE BIBLIOGRAPHIE

Sur Corneille, sa vie et son œuvre

– Georges Couton, *Corneille* (Hatier, 1958). Ouvrage érudit, mais clair et simple à lire.

Sur le genre littéraire de la comédie

– Pierre Voltz, *La Comédie* (A. Colin, 1964). Voir le chapitre consacré à Corneille. Une présentation générale du genre, de ses procédés et de son évolution.
– Hans Verhoeff, *Les Comédies de Corneille, une psycholecture* (Klincksieck, 1979). Une interprétation psychanalytique des comédies de Corneille (voir le chapitre consacré à la pièce). Lecture difficile, qui demande une bonne connaissance des pièces.
– Théodore A. Lifman, *Les Comédies de Corneille* (Nizet, 1981). Une analyse de la structure et des thèmes.

Sur le baroque

– Jean Rousset, *La Littérature de l'âge baroque en France. Circé et le paon* (Corti, 1954). Œuvre fondamentale pour la compréhension du baroque.

Ouvrages généraux sur le théâtre en général, ou sur l'œuvre de Corneille, comportant des analyses éparses de « L'Illusion comique »

– Octave Nadal, *Le sentiment de l'amour dans le théâtre de P. Corneille* (Gallimard, 1949). Lecture indispensable ; une étude des thèmes et des conséquences de la passion.
– Robert Garapon, *La Fantaisie verbale et le comique dans le théâtre français, du Moyen Âge à la fin du XVIIe siècle* (A. Colin, 1957). Une étude de la langue et des procédés comiques.
– Georges Forestier, *Le Théâtre dans le théâtre sur la scène française du XVIIe siècle* (Droz, 1981). Étude essentielle.

Articles spécialement consacrés à « L'Illusion comique »

– Madeleine Alcover, « Les lieux et les temps dans *L'Illusion comique* », *French Studies* (1976, n° 4), article en français.
– André Blanc, « À propos de *L'Illusion comique* », *Revue d'Histoire du Théâtre* (1984, n° 2).
– François-Xavier Cuche, « Les trois illusions de *L'Illusion* comique », *Travaux de linguistique et de littérature* (1971, n° 2).
– Marc Fumaroli, « Rhétorique et dramaturgie dans *L'Illusion comique* de Corneille », *XVIIe siècle* (1968, n° 1).
– Marie-Joséphine Whitaker, « *L'Illusion comique* ou l'école des pères », *Revue d'Histoire littéraire de la France* (1985, n° 5).

INDEX DES THÈMES ET NOTIONS

LITTÉRATURE

THÈMES ET QUESTIONS D'ENSEMBLE

94 La nature : Rousseau et les romantiques
95 La fuite du temps de Ronsard au XXe siècle
97 Voyage et exotisme au XIXe siècle
98 La critique de la société au XVIIIe siècle
106 La rencontre dans l'univers romanesque
111 L'autobiographie, de Montaigne à Nathalie Sarraute
130 Le héros romantique
137 Les débuts de roman
155 La critique de la guerre

HISTOIRE LITTÉRAIRE

114/115 50 romans clés de la littérature française
119 Histoire de la littérature en France au XVIe siècle
120 Histoire de la littérature en France au XVIIe siècle
139/140 Histoire de la littérature en France au XVIIIe siècle
123/124 Histoire de la littérature et des idées en France au XIXe siècle
125/126 Histoire de la littérature et des idées en France au XXe siècle
128/129 Mémento de littérature française
127 La littérature fantastique en France
116 25 romans clés de la littérature négro-africaine
117/118 La littérature canadienne francophone
151/152 Le théâtre Problématiques essentielles

HORS SÉRIE

1000 Guide des Profils pour la recherche des idées à partir de la collection « Profil »

FORMATION

EXPRESSION ÉCRITE ET ORALE

306 Trouvez le mot juste
307 Prendre la parole
308 Travailler en groupe
309 Conduire une réunion
310 Le compte rendu de lecture
311/312 Le français sans faute
323 Améliorez votre style, tome 1
365 Améliorez votre style, tome 2
342 Testez vos connaissances en vocabulaire
426 Testez vos connaissances en orthographe
390 500 fautes de français à éviter
391 Écrire avec logique et clarté
395 Lexique des faux amis
398 400 citations expliquées
415/416 Enrichissez votre vocabulaire
424 Du paragraphe à l'essai
425 Les mots clés de la mythologie

LE FRANÇAIS AUX EXAMENS

422/423 Les mots clés du français au bac
303/304 Le résumé de texte
417/418 Vers le commentaire composé
313/314 Du plan à la dissertation
324/325 Le commentaire de texte au baccalauréat
394 L'oral de français au bac
421 Pour étudier un poème

BONNES COPIES DE BAC

317/318 Bonnes copies Le commentaire composé, tome 1
349/350 Bonnes copies Le commentaire composé, tome 2
319/320 Bonnes copies Dissertation, essai, tome 1
347/348 Bonnes copies Dissertation, essai, tome 2
363/364 Bonnes copies Technique du résumé et de la discussion

Imprimé en France par l'Imprimerie Hérissey à Évreux (Eure)
N° d'édition : 14977 – N° d'impression : 71070 – Dépôt légal : Novembre 1995